De volta para casa

Vera Vilaça

De volta para casa

Fotos
Décio Figueiredo

Vida
de mulher

Todas as citações bíblicas foram extraídas da *Nova Versão Internacional* (NVI), ©2001, publicada por Editora Vida, salvo indicação em contrário.

Coordenação editorial: Rosana Brandão
Edição: Lilian Jenkino e André Jekino do Carmo
Revisão: Polyana Lima
Projeto gráfico e diagramação: Sonia Peticov
Capa: Amanda Design

EDITORA VIDA
Rua Júlio de Castilhos, 280,
CEP 03059-000 São Paulo, SP
Tel.: 0 xx 11 6618 7000
Fax: 0 xx 11 6618 7050
www.editoravida.com.br
www.vidaacademica.net

Dados Internacionais de Catalogação na Publicação (CIP)
(Câmara Brasileira do Livro, SP, Brasil)

Vilaça, Vera
De volta para casa / Vera Vilaça; fotos Décio Figueiredo — São Paulo : Editora Vida, 2006.

ISBN 85–7367–912–3

1. Economia doméstica 2. Trabalho em casa I. Figueiredo, Décio II. Título.

06-0070 CDD 640

Índice para catálogo sistemático:

1. Trabalho em casa : Economia doméstica 640

Dedicatória

Este livro é dedicado em primeiro lugar a Deus, que sempre me dirigiu os passos, enxugou minhas lágrimas, firme e carinhosamente me fez mudar o caminho quando necessário e que me ama como eu sou.

Em segundo lugar, quero dedicá-lo de forma muito especial ao meu marido, Sebastião Vilaça, que sempre esteve ao meu lado, me encorajou a escrever este livro e muitas vezes, centenas delas, cuidou da casa enquanto eu escrevia. Alguém que soube esperar e a quem eu amo de todo o meu coração.

Às minhas filhas, Patrícia, Nancy e Rachel, pelo muito que me amam e compreendem. Vocês são a razão de tudo.

À minha querida mãe, Jacy de Moraes Leme Marconi, hoje com 76 anos, que me ensinou — e ainda ensina — tudo o que sei.

Às minhas editoras, Solange Monaco, Rosana Brandão e Nilda Nunes. Obrigada pelo encorajamento, pela força, por terem coragem de muitas vezes dizer "Isto não!". Meu livro foi enriquecido por vocês.

Ao pastor Eude Martins da Silva, presidente da Editora Vida, que me deu a grande oportunidade de editar este livro.

E, finalmente, ao dr. Marcos Onofre Frugis, médico gastroenterologista, que há três anos descobriu que sou portadora de uma grave doença no fígado: a hepatite C. A partir de então, cuidou de mim com carinho, paciência, dedicação e profissionalismo exemplar. Ele manteve minha sanidade durante a quimioterapia e suas dolorosas conseqüências, apoiou-me e me deu forças para aceitar, resistir e continuar lutando até hoje. Que Deus o abençoe!

Prefácio

Se você for como eu, precisa constantemente de incentivo, orientações claras, palavras de encorajamento, empurrões delicados, mas firmes, e até mesmo de tapinhas nas costas para se motivar, planejar e realizar sonhos e projetos.

Neste livro, mostrarei como pude realizar coisas que não imaginava ser capaz. Como aconteceu comigo, você se sentirá motivada a transformar e a melhorar a vida de sua família, comunidade, igreja. Irá descobrir um maravilhoso mundo novo, que lhe trará uma sensação de realização completa, se for visto com novos olhos.

Esse mundo é a sua casa, o seu lar. Até pouco tempo, deixe-me ser franca, não se dava a ele a devida importância. Era quase secundário, apenas uma estação de embarque e desembarque em busca da real viagem da realização feminina, que parecia existir apenas fora do lar, como era pregado e sacramentado em praça pública pelo movimento feminista iniciado nos anos 1960.

É sobre isso que falo neste livro: como podemos cuidar da casa com carinho. Falo de decoração, artesanato, bricolagem, reformas, pintura. Proponho inventar, transformar, economizar, organizar, curtir os filhos, aprendendo a fazer coisas interessantes com eles e para eles.

Falo para mulheres que desejam aprender a fazer seus próprios cosméticos, produtos de limpeza, que querem deixar a casa linda, reciclar, aproveitar, colaborar com o meio ambiente, conhecer as propriedades das ervas, relembrar velhas fórmulas. Acredite: é realmente divertido e compensador fazer essas coisas.

Porém, este livro não se limita às dicas para a casa. Ele não é apenas um incentivo àquelas que querem mais para si e para sua família. Ele pode ser um manual de consulta para as pessoas que desejam descobrir métodos simples de melhorar diversos aspectos do dia-a-dia. Também se revela um precioso auxílio, com fórmulas e atividades muito econômicas, para professores e educadores de modo geral.

É possível desenvolver atividades lucrativas em casa: cosméticos naturais, artesanato, produtos de limpeza, texturização de paredes, reciclagem e outras que a sua criatividade e imaginação permitirem.

Este livro é dirigido à mulher moderna, esperta, inteligente, mulher executiva, mulher dona de casa, futura dona de casa, mamães e vovós que não querem parar no tempo e, por isso, estão sempre aprendendo e crescendo.

Espero que você possa aproveitá-lo tanto quanto eu, e que sua vida possa mudar para melhor tanto quanto a minha mudou.

VERA VILAÇA

Sumário

PARTE 1

Papo sério

De volta para casa

Papo sério

De volta para casa. É... Foi bem mais fácil sair do que retornar...

Após trinta longos anos de trabalho, parei. Estou finalmente aposentada. Voltei para casa.

Mas vamos voltar um pouquinho no tempo. Quando o movimento de libertação feminina, o feminismo, chegou ao Brasil, no final dos anos 1960, fiquei muito empolgada. Eu era uma adolescente que via naquele movimento a oportunidade de ser realmente livre. As mulheres poderiam fazer o que quisessem. Não eram iguais aos homens? Não poderiam seguir os mesmos caminhos?

Eu lia tudo o que caísse em minhas mãos sobre o assunto, em jornais, revistas e livros, assistia a entrevistas e debates. Decidi tornar-me feminista. Primeiro, comecei a cuidar da minha parte intelectual e enriquecer meus conhecimentos. Li as obras completas de Dostoievski, Tolstoi, Ibsen, Garcia Lorca, Gabriel Garcia Marques e Camões, apenas para citar alguns estrangeiros; entre os brasileiros, todas as obras de Clarice Lispector, Machado de Assis, José de Alencar, Aluísio de Azevedo, Graciliano Ramos, Humberto Guimarães e muitos outros.

Profissionalmente, decidi-me pelo *marketing*, minha paixão. Então, também me propus a ser a melhor. Da faculdade à pós-graduação, na Fundação Getúlio Vargas, mais o devorar de centenas de livros sobre o assunto, a uma excelente carreira de executiva, a evolução foi lenta e planejada com cuidado.

Casei-me, tive três filhas, mas nunca parei de trabalhar. Ser dona de casa nunca me passou pela cabeça. Chegava até a olhar com certo desprezo mulheres que optavam por cuidar da casa, marido e filhos.

Minha vida era cheia, excitante, e meu trabalho me proporcionava um salário muito, mas muito bom, que me permitia ter o que quisesse. Não! Eu definitivamente não deixaria de trabalhar, ter meu próprio dinheiro, ser dona do meu nariz. Naquela época, confesso, meu trabalho era a coisa mais importante da minha vida.

Exceto...

Exceto pelos anos que foram passando e a idade chegando. A temível menopausa se instalando. Depois de tantos anos, não suportava mais as intermináveis reuniões, viagens constantes, muitas vezes inesperadas. O trânsito de São Paulo, os aviões, os aeroportos, os dias longe de casa eram de enlouquecer. Prazos curtos, grandes orçamentos, pessoas tão diferentes: dei um basta a tudo, criei coragem e me aposentei.

Voltei para casa. Foi assustador. Eu não tinha (ou achava que não tinha) mais identidade, cartões de visita, nada! Sim, claro! Porque antes, ao meu sobrenome era sempre acrescentado o nome do banco em que eu trabalhava e a função que eu exercia (meu cartão de visita era o meu orgulho). Eu era a Vera Lucia tal, do banco tal, responsável por tal área. Respeitada em meu segmento de atuação, essa era a minha identidade. Minha casa? Ora, a minha casa era apenas uma estação de embarque e desembarque para novas e excitantes realizações.

E agora? O que eu iria fazer em casa? Mofar, morrer?

Lenta e dolorosamente, fui compreendendo que eu não conhecia minha família. Descobri que minha filha mais velha era tal como eu, guerreira e dedicada à vida profissional; a do meio, sensível, carente e muito inteligente; a mais nova, tímida e retraída. Também descobri que a mais velha era muito alegre, a do meio, uma malhadora incansável — do tipo *rata* de academia — e que a mais nova tinha um senso de humor incrível. Descobri o marido maravilhoso que tinha, ao qual Deus dera o que considero um dos melhores dons: o da paciência!

Comecei a reavaliar toda a minha vida e a analisar tudo o que nós, as pioneiras, sofremos para desbravar o caminho.

Eu acredito que a chamada libertação feminina foi necessária, sim! E como algo muito novo, e urgente, teve que ser implantado rapidamente, pois não se fazem revoluções gigantescas aos pouquinhos.

E nós, que pegamos carona nesse movimento, não tivemos tempo de nos preparar, pois também já não tínhamos mais tanto tempo assim (como pegamos carona, já estávamos crescidinhas, indo numa direção que teve de ser mudada de uma só e violenta guinada).

Isso significa que o casamento, os filhos, a universidade, a pós-graduação, o mestrado, o aprendizado de novos idiomas, a carreira e uma nova postura diante da vida se atropelaram. Tudo tinha de ser feito ao mesmo tempo (já não éramos, ou não podíamos mais ser, filhinhas do papai ou filhinhas do marido).

Com tudo isso acontecendo ao mesmo tempo ao nosso redor, e sendo nós mesmas agentes de mudança fundamentais em todo o processo, ficamos cansadas, estressadas, passamos a trabalhar em dobro, ter enfarte, pois tínhamos de provar a todo tempo e a qualquer custo que éramos capazes. E conseguimos muito mais do que imaginávamos, sem dúvida.

Mas, cá entre nós, será que valeu a pena? Fico assustada com a geração que criamos. Até onde ou quanto nossa ausência, nossa pressa, nosso cansaço marcaram nossos filhos?

Vejo hoje uma geração perdida, sem referencial, criada por babás, recebendo as mais diversas influências.

A nossa frase preferida era: "o que importa não é a quantidade, mas a qualidade do tempo que passamos com nossos filhos". Mas que tempo era esse? Quantas lágrimas perdemos? Quantos sorrisos? Será que realmente estávamos presentes no momento em que precisaram de nós?

Será que o *script* não estava confuso?

O que sei hoje é que não dá para ser tudo todo o tempo. Não dá para renunciar à nossa própria natureza.

Hoje sei também que o núcleo familiar é o mais importante segmento da vida em sociedade. E é com veemência que defendo a família, a base da sociedade (o conceito pode parecer meio ultrapassado, mas é real e funciona!), a base da sanidade e do encontro do verdadeiro *eu*, feminino e masculino.

E cabe a nós, somente a nós, mulheres, a construção, o fortalecimento e a continuidade da vida familiar. Surpresa? Nem tanto. Se você observar, existe atualmente um sutil movimento de retorno às bases.

Quando pergunto às minhas filhas o que desejam para sua vida, a resposta é: quero me casar, cuidar da minha casa e dos meus filhos; não quero ser como você foi, mamãe, não de forma tão intensa... E tenho percebido que a maioria das amigas delas pensa da mesma maneira.

Mas, além de outros benefícios que esse movimento trouxe (e isso não há como negar), algo muito, mas muito bom ficou: o direito de *escolha*.

Neste novo milênio, com as coisas se acomodando, percebo que a nova geração feminina não precisa — nem quer — provar mais nada. Receberam nossos pedaços (porque algumas de nós quebraram, sim!), estão vendo nosso retrato (rugas, aparentes ou não, expressões do enorme cansaço e da luta) e sabem exatamente o que querem. Sabem que é possível separar sem dividir, crescer sem sofrer, que é maravilhoso poder *escolher* e, mais ainda, ser o que se é: *mulher!*

De volta para casa

Analisando, agora por outro lado, foi maravilhoso me aposentar, não ter hora para acordar nem dormir, passear com as meninas numa tarde de terça-feira, voltar a gostar das segundas-feiras, ter tempo para ler, curtir o marido, conversar com as minhas filhas sobre namorados, profissão, futuro.

Era maravilhoso, novo, surpreendente ficar batendo papo sem pressa com o pessoal da igreja após o culto noturno de domingo, dormir à tarde.

Eu era relativamente jovem e havia me tornado uma dona de casa aposentada. Mas o que é ser uma feliz dona de casa? Onde poderia fazer um curso de dona de casa? Havia algum manual? Não existiriam memorandos, circulares, relatórios que explicassem isso?

Não que eu não soubesse o trivial, o básico. Isso eu sabia. Mas havia tantas coisas a se fazer além do trivial! Minha casa, por exemplo, estava precisando de pintura, uma torneira pingava como se fosse um triste e longo pingue-pongue, a tábua de passar roupa não parava em pé, o liquidificador roncava como um caça F-16.

E o computador? Como é que ainda hoje os computadores têm mais de dez fios diferentes para conectar? E a internet ou a extensão para o telefone?

Claro que podemos contratar profissionais para fazer tudo isso. Foi o que fiz algumas vezes. Mas, em primeiro lugar, você deve descobrir onde estão os bons profissionais. Em seguida, chamá-los e aguardar, e aguardar. Finalmente, você precisa discutir o orçamento e esperar, e esperar, até que comecem e terminem o trabalho.

Utilizando experiências adquiridas

Percebi que nem sempre o trabalho realizado era satisfatório — nosso grau de exigência aumenta bastante quando estamos em casa. Também percebi que eu sempre pagava caro, não pelo trabalho realizado, mas pelo problema, pelo transtorno, pelo incômodo.

Ao ver uma descarga vazando, um chuveiro queimado ou a umidade na parede criando mofo, precisamos de uma solução rápida. Acabamos pagando pela situação dramática, pela urgência, mas não necessariamente pelo serviço realizado que, muitas vezes, é tão simples que causa espanto.

Além disso, quando nos aposentamos, nosso orçamento sofre redução, e não temos mais condições de continuar pagando por todos os serviços ou consertos necessários.

Eu me perguntava se não haveria uma forma mais simples, rápida e eficaz de fazer tudo aquilo. Será que eu poderia aplicar os conceitos que nortearam minha vida profissional na minha vida de dona de casa? Seria possível usar a pesquisa, a aprendizagem, a organização, a racionalização para solucionar os problemas e desafios de uma casa? Eu acreditei quc sim!

Comecei por onde sempre havia começado nos diversos bancos em que trabalhei: estudando, pesquisando, observando, aprendendo e aplicando.

Quando o eletricista vinha consertar uma tomada, religar a antena externa, fazer uma extensão, eu prestava muita atenção. Enchia de perguntas os pintores que trabalhavam em qualquer outro apartamento do meu prédio. Os vendedores das lojas de bricolagem e de materiais elétricos também ficavam malucos com tantas perguntas. Percebi que, muitas vezes, eles não me ajudavam por não saberem como fazer. Quando recebia uma informação na loja que não me convencia, entrava no *website* do fabricante, estudava tudo com atenção, mandava *e-mail* e recebia gentilmente não apenas a resposta satisfatória, como também todo o material necessário para consultar em minha casa.

Outro fato importante foi que comecei a me perguntar como é que eu conseguia juntar tantos potes de plástico e vidro. Havia uma coleção tão grande de vidros em casa que daria para montar uma loja. Como eu poderia aproveitar tudo aquilo? Como eu poderia me livrar do que estava entulhado e arrumar mais espaço?

Passaram-se quase cinco anos. Devorei muitos livros, revistas nacionais e estrangeiras, assisti a programas de televisão a cabo, à fita de vídeo. Passei horas e horas na internet pesquisando em *websites* na linha do "faça você mesmo" de vários países. Traduzi, testei, errei, acertei.

Aos poucos, me tornei uma mulher faz-tudo. Senti uma sensação maravilhosa quando, pela primeira vez, fiz meus próprios cosméticos, meus produtos de higiene e limpeza.

Pintei minha casa todinha, tirei o papel de parede, amaciei, fechei buracos, lixei, fiz a marmorização de uma parede, consertei tomada, instalei sozinha o novo computador com impressora e *scanner*. E... quer saber de uma coisa? Eu amei fazer tudo isso e me diverti muito!

O material de pesquisa e a experiência adquirida se tornaram tão ricos que a idéia de escrever este livro foi se agigantando. O que eu queria inicialmente era aprender para aplicar em minha vida pessoal. Isso foi feito. A necessidade de dividir esse conhecimento surgiu em seguida e levou-me a algo que sempre adorei fazer: escrever.

Meu convite é que você também aprenda, experimente e aplique as dicas, idéias e trabalhos que aqui estão. Isso pode ser muito divertido.

E então? Vamos trabalhar juntas?

Doze passos para se livrar da síndrome da supermulher

1. Reforme, recicle ou dê todas aquelas roupas de supermulher. Sim, aquelas roupas surradas que você sempre usa — incluindo os *jeans* guardados no fundo do armário, que você ainda pensa usar, mas que usava no ginásio.
2. Leia, aprenda e tente decorar para que seja automático dizer as seguintes palavras: não, eu não tenho tempo, eu tenho outros planos, não, não há nenhum impedimento, como idade ou sexo, para se usar a máquina de lavar roupa.
3. A família cresceu, mas a geladeira não. Tenha paciência. Afinal, ninguém gosta de gelatina, não é mesmo?
4. Sim, a depressão pode ser causada por olhar modelos em revista e anúncios. Mas fique tranqüila: elas não são realmente aquilo tudo. Elas fizeram escova, as roupas estão alfinetadas no corpo, elas estão usando cinta e passam fome até quase a morte.
5. Aceite isto: você não pode fazer tudo para todo mundo, nem ser aprovada por todo mundo. Esse é um passo vital para a cura. E, se você ouvir as palavras: "não tem problema, eu cuido disso...", esteja certa de que estão sendo ditas por outra supermulher.
6. Quando o menino do supermercado perguntar: "precisa de ajuda com esses pacotes?", a resposta é: sim! Você acaba de gastar um dinheirão nessas quatro pequenas sacolas de plástico. Portanto, deve ser a mercadoria mais preciosa do mundo.
7. Se você não é uma cozinheira do tipo "Ofélia", admita isso. Não tente fazer um *coq au vin* para o chefe do seu marido, apenas porque vai galinha nele. Encontre um restaurante especializado e sinta a liberdade de dizer a verdade.

8. Quando a sua temperatura for de 40°C, deite-se! É incrível, mas quando você se levantar, sua casa, família, animais de estimação e outras obrigações terão sobrevivido.
9. Dica pessoal: arranjos florais de seda também trazem cor e encanto. Eu sei que fulana tem um jardim lindo. Mas ela tem um jardineiro para podar e fertilizar 24 horas por dia. Então, se não for possível, contente-se em olhar lindas flores e jardins em fotografias.
10. Expectativas são o caminho perfeito para fazer você se sentir uma perdedora. Não tente perder dez quilos em duas semanas, não compre uma roupa dois números menores para usar daqui a um mês, nem gaste suas últimas economias para passar apenas uma semana naquele *spa* caríssimo.
11. Quando você se comparar com outras mulheres e se sentir supermulher, ótimo. Quando quiserem que você seja uma supermulher, cale-os.
12. Agrade a Deus. Você não precisa fazer nada para ter o que já lhe foi dado graciosamente: a salvação. Basta crer! Se, como eu, você já descobriu que alguém nos ama tanto que carrega nossos fardos por nós, então pode sentir confiança e paz. Eu e você estamos cobertas pelo maior amor disponível para a humanidade.

Deus nos ama tanto que permitiu que seu filho único, Jesus, morresse na cruz por mim e por você. Por quê? Para nos salvar. Porque sabia que jamais conseguiríamos sem ele.

(Traduzido e adaptado/Autor desconhecido)

PARTE 2

Deixe a alegria entrar

Simplifique

Economize

Organize

Deixe a alegria entrar em sua casa

Aproveitar sua casa implica estar feliz nela e com ela. Vamos fazer um pequeno teste para medir o seu nível de alegria em casa? Essa brincadeira vai ajudá-la a descobrir coisas que podem tornar cada dia melhor.

Qual foi a última vez que você realmente sentiu alegria em sua casa? Seja específica.

- Quando organizou uma festa de aniversário para um dos seus familiares.
- Quando organizou seu jardim ou os vasos de plantas.
- Quando pintou a parede com uma cor diferente.
- Quando você mesma confeccionou *aquele* edredom branco, caríssimo na loja, que você sonhava havia tempos em ter um e finalmente criou coragem para fazê-lo. (Eu fiz!).

Faça uma lista de coisas sobre sua casa que trazem alegria a você. Por exemplo:

- eu tenho um jardim ou vasos e fico muito feliz quando numa manhã eu acordo e percebo que está todo florido ou que aquela plantinha finalmente vingou depois de várias tentativas;
- adoro ver minha casa limpinha, cheirosa e organizada depois de uma bela faxina;
- gosto da vista da janela da minha sala (ou quarto) e o leve esvoaçar da cortina num dia de sol.

Agora relacione coisas que você poderia começar a fazer para trazer mais alegria para a sua casa. Por exemplo:

- toda semana vou comprar um buquê das minhas flores prediletas;
- finalmente vou criar coragem e pintar aquela parede de vermelho. Afinal, é apenas tinta;

- vou fazer um prato diferente, de um país diferente, uma vez por mês (mesmo que você more só, certo?).

Não é simples? Faça sua própria lista. Descubra-se. Tenho certeza de que, com esse exercício, você já começará a pensar em várias coisas que vão alegrar ainda mais a sua vida. Aqui vão mais algumas sugestões.

Crie um ambiente acolhedor

Criar um ambiente gostoso, acolhedor, é muito mais uma questão de detalhes do que de orçamento e espaço. Quer ver? Quantas vezes você já foi a uma casa requintada e espaçosa, ricamente decorada, e sentiu-se desconfortável ou quis ir logo embora? E quantas vezes já aconteceu de ir a uma casa simples, sem nada especial ou caro, e sentir-se muito bem, sem querer ir embora?

O que fez bem a você? O que tornou aquele ambiente especial? Com certeza foram coisas simples, como um vaso com flores frescas, um aroma gostoso no ar, um clima aconchegante. E não se iluda: não existe casa aconchegante sem que seus donos também sejam plenos de calor humano.

O que torna nossa casa gostosa é o prazer que temos em cuidar dela, em gostar do que temos e do carinho que fica plenamente demonstrado, quase palpável, quando nos preocupamos em tornar nossa casa melhor para nós e para os queridos que vivem nela.

Torne seu quarto muito especial

Faça de seu quarto um refúgio. Um lugar de calma e tranqüilidade. A ordem, o cheirinho de ervas que emana dos sachês nas gavetas, um roupão felpudo, uma camisola macia e gostosa, um pote com flores e folhas secas perfumadas na penteadeira, enfim, são coisas simples que tornam esse cômodo muito especial para você e, se for o caso, para quem você ama. Uma cama arrumada de forma impecável, roupas e armários bem arrumados e um tapete macio trazem uma agradável sensação de estar em casa. E isso faz nos sentirmos bem.

Você sabe? Desde que me casei, tenho um cobertor nas cores castor e bege. Creio que era o melhor que havia na época. Na verdade, eu não o comprei. Meu marido o trouxe "de enxoval" (legal, não?). Uma das melhores sensações que tenho é quando, no inverno, me aconchego nesse cobertor quentinho, felpudo e sempre perfumado. Deve haver outros muito melhores do que esse hoje em dia. Mas ele é especial, porque eu o tornei especial, você entende?

Pense em detalhes que façam diferença

Não é preciso móveis caros, pratarias e cristais. É preciso apenas tornar atraente aquilo que você já tem. Estofar você mesma as cadeiras com um novo tecido, fazer almofadas novas. Aproveite sobras de tecidos para fazer um bandô para a janela. Para não costurar, use uma pistola de cola quente. Uma toalha de mesa de banquete guardada há muito tempo pode virar uma cortina. Pinte aquele móvel com uma cor clara e suave. Arrume de uma vez por todas os seus livros e deixe os preferidos arrumados numa mesinha, bem à mão. Guarde aquela profusão de enfeites e deixe tudo leve e fácil de limpar. Não é ótimo?

Traga a natureza para casa

Como as flores e as folhagens podem reavivar uma casa, não é mesmo? Plante suas próprias ervas de chá, temperos e alegre sua cozinha. Cultive sua flor predileta numa jardineira pertinho da janela. Coloque um vaso com uma planta no banheiro. Deixe o verde invadir e embelezar sua casa.

A água acalma

A água acalma, refresca. Seu som suave e constante relaxa e faz nos sentirmos muito bem. Faça sua própria fonte. Não é necessário comprar material caro ou uma já pronta. Um vaso largo de terracota, com outro menor dentro, algumas pedras, um pequeno motorzinho de aquário e algumas plantas aquáticas fazem uma fonte perfeita e exclusiva.

Uma dica: coloque o vaso menor de cabeça para baixo e o motorzinho escondido dentro dele. Passe o canudo de plástico (por onde a água irá sair) por dentro do vaso menor e você terá um chafariz. Não é uma delícia?

As cores trazem alegria

Uma forma simples e barata de realçar um ambiente é dando uma nova demão de pintura. Você mesma pode fazer isso. E não tenha medo das cores. O amarelo-claro deixa sua sala ensolarada. O verde-claro acalma. E que tal um lilás bem suave no quarto? Ou um efeito dramático na sala, com apenas uma parede pintada de vermelho-tomate? Lembre-se: é apenas tinta.

Brilhe e ilumine

Um ambiente gostoso e acolhedor também se faz com velas. Tenha certeza de que, se você quiser, poderá fazê-las. Não é necessário nenhum equipamento especial. Elas criam um ambiente amistoso e cintilante durante um jantar, promovem o romance no quarto e ao lado da banheira. Um castiçal com várias velas dá requinte, nem precisa ser de prata. Velas perfumadas iluminam e deixam o ambiente com um aroma delicioso. Acredite!

Simplifique seu dia-a-dia

Assisti certa vez a uma reportagem sobre a tendência minimalista. Em decoração, minimalismo significa simplicidade, praticidade, frugalidade. Ou seja, menos é mais.

Bem, eu jamais poderia conviver com o minimalismo aplicado às cores: eu as adoro. Transmitem alegria, realçam um ambiente, definem espaços, afastam a monotonia, exercitam nossa criatividade e bom gosto, colocam à prova nossa capacidade de interagir com os diversos elementos. Enfim, cor é vida!

Na minha opinião, uma casa em que o minimalismo impera nas cores é monótona, quase egoísta.

Sempre fico constrangida quando entro num ambiente em que há apenas o branco e preto, o todo branco, o insuportável bege-bege. Pode ser um escritório, um consultório ou outro lugar qualquer. Quem se sente confortável e tranqüila ao sentar num sofá branco sobre um tapete imaculadamente... branco?

Mas há outro aspecto, outro lado do minimalismo de que gosto e adotei. Descobri que poderia perfeitamente viver com apenas um jogo de jantar, um conjunto de café, um conjunto de taças e outro de copos. Que entulhar meus armários com vários conjuntos de toalhas de banho e rosto só ocupa espaço, e que uma dúzia de toalhas de linho para banquete não é necessariamente algo que me torna mais feliz.

Desmanchei meu "faqueiro de visitas" há muito tempo, deixei de ter quatro pares de vasos e não fiquei nem um pouco infeliz quando decidi que todos os pratos da minha casa seriam de vidro transparente. As vantagens são claras: combinam com tudo e, se quebrarem, reponho sem dramas e sem rombos no orçamento.

E, ao aplicar o minimalismo em outros aspectos da minha vida, ganhei muito mais do que poderia imaginar.

Descobri que, ao tornar minha vida mais simples e prática, menos acumulo, menos tenho para limpar e lustrar. Tenho mais tempo para as coisas que realmente importam.

Mas saiba que um modo simples de viver não acontece de repente. Começa por arrumar um quarto ou uma gaveta eternamente entulhada. Em seguida, percebemos que o excesso de móveis e objetos sufoca (limpar, conservar: *tira a mão daí, menina!*), obras e objetos de arte amedrontam (*e se quebrar, e se alguém roubar?*).

Reavaliamos nossos bens materiais e identificamos aqueles que nos aprisionam. Devagar, começamos a compreender o verdadeiro sentido das coisas, a ter mais tempo para observá-las, refletir sobre elas e aproveitá-las.

Você começa a se ver mais claramente, a se conhecer (*do que você realmente gosta?*). Uma definição de quem você é de verdade começa a se delinear (casas luxuosas, carros último tipo, jóias caríssimas: *é isso realmente o que você quer?*). Começa a surgir uma incompatibilidade natural com tudo que possa amarrar, prender e sufocar, inclusive acontecimentos sociais que entediam, aos quais comparecemos simplesmente por educação ou obrigação, relacionamentos que nada acrescentam e atitudes que perderam o significado. Céus! Que estresse!

A consciência social desperta, e você fica ansiosa para descobrir qual é a real contribuição que está dando à família, aos amigos, à sociedade.

Por fim, percebi que ser simples e tornar as coisas simples é muito mais fácil e divertido.

Mas... existem passos a seguir para começar a simplificar nossa vida? Claro que sim! Você pode começar por afastar os geradores de estresse. Aqui vão algumas sugestões.

Verifique quantos jornais e revistas você assina ou recebe

Você lê todos? Eles são absolutamente imprescindíveis para a sua vida? A quantos telejornais você assiste diariamente? Se eliminar um ou mais, deixará de ser a pessoa que é? Será que não vai se sentir melhor quando não mais tiver uma pilha de 60 cm de altura de livros, revistas e jornais para ler?

Observe rigorosamente correspondências e telefonemas não desejados

As coisas funcionam assim: adquire-se um cartão de crédito, assina-se uma revista ou visita-se um *website* interessante e pronto: pedem que você preencha um cadastro. Imediatamente os caçadores de nomes entram em ação.

Como uma profissional da área de *marketing*, posso explicar. Embora não admitam, as empresas normalmente vendem sua lista de assinantes ou compradores para empresas especializadas em *marketing* direto. Em decorrência disso, há uma verdadeira enxurrada de *e-mails* em seu computador, telefonemas em horas impróprias, montanhas de correspondência, papel e mais papel. É muito tempo perdido.

Então, atenção! Você não é obrigada a receber o que não quiser. Nos Estados Unidos e em outros países, a lei é bastante severa a esse respeito. Lá existem associações para você escrever, telefonar, enviar *e-mail* e solicitar a retirada de seu nome dessas listagens de *marketing* direto.

Como isso ainda não existe no Brasil, você terá um pouco mais de trabalho. Cada vez que receber um telefonema, *e-mail*, mala direta, ou seja lá o que for, responda educadamente. Diga que não quer mais receber comunicações daquela empresa. No caso de malas diretas, recorte a etiqueta com seu nome e endereço (observe que sempre tem um número ou código; junte também) e devolva com uma cartinha pedindo para tirar seu nome da lista. Verifique com seu provedor de internet como bloquear *spams*, que são as propagandas, anúncios e ofertas que recebemos por *e-mail*.

Isso é um direito seu, mas, por favor, seja educada. Por que despertar raiva ou reações desagradáveis? Além disso, alguns podem até agradecer, pois evitarão investir em alguém que não está interessado em suas ofertas.

Com isso, sua vida vai se tornar mais simples e você economizará tempo, para gastá-lo em coisas bem mais interessantes e proveitosas.

Use o débito automático

Contas de luz, gás, telefone, água, impostos, seguros podem ser debitadas automaticamente em sua conta corrente. Você nem imagina quanto tempo ganha com isso!

Contate seu banco. Verifique os serviços de débito automático e lembre-se de ter saldo suficiente em conta.

Olhe para cada móvel e objeto

Se você não se sente confortável ao pensar em se desfazer de algo, pergunte a você mesma: eu realmente gosto disto? Há quanto tempo não uso ou olho para isto? Eu poderia dar outra utilidade a este objeto? Este é o melhor lugar para guardá-lo? Posso transformar ou reciclar? O que de pior pode acontecer se eu não o tiver mais?

E, se a dúvida ainda for muito grande, encaixote, etiquete e volte a pegá-lo em seis meses. Se descobrir que nem se lembrou daquilo durante esse período, desfaça-se.

Abra o seu guarda-roupa

Ah! As nossas roupas. Será que você realmente precisa de 18 *blazers*, 15 calças e 50 pares de sapatos?

Olhe bem e responda com honestidade: há quanto tempo não usa determinado conjunto, sapato ou bolsa? E aquela cara e chamativa blusa "de noite", comprada porque você estava zangada com alguma coisa? E que nunca, jamais, irá vestir? E os desastrosos resultados das compras por impulso? Será que, como eu, você já não chegou à conclusão de que é melhor ter dois ou três conjuntos maravilhosos do que dez blusinhas baratas? Sabia que fica muito mais difícil decidir quando se tem muito para combinar? É estresse na certa!

É claro que ninguém quer que você abandone seu estilo ou passe a se vestir como um monge. A questão é: do que você realmente precisa? A regra é: mantenha apenas o que realmente usa, o que fica bem. É horrível observar pessoas que guardam roupas e sapatos do século passado (*será que a moda pode voltar?*), roupas de quando eram magras (*um dia emagreço outra vez!*), roupas de quando eram gordas (*pra me lembrar de como eu era enorme!*), roupas de quando eram solteiras, de formatura, e por aí vai...

Não entulhe sua casa

Doe tudo o que você não quiser ou precisar mais, e preste atenção para que esteja em bom estado. Doar traz uma sensação maravilhosa.

Por outro lado, é horrível ver pessoas se apegando a coisas que nunca, jamais, irão utilizar: toalhas de mesa e banho guardadas desde que se casaram, há mais ou menos quarenta e oito anos, o terno e o vestido do casamento, os quatro ferros de passar que ganhou, as roupas de cada gravidez e assim por diante.

Minha primeira dica é use, use, use. A segunda é: recicle, tinja, pinte, corte, borde, transforme. E a terceira, doe, doe, doe.

Uma palavrinha

Se há algo que acho deselegante é doar coisas quebradas, aparelhos eletrônicos que não têm conserto (o que você acha que alguém pode fazer com um liquidificador sem copo e com o motor estourado?), móveis com cupim (você pensa que é brincadeira? Não é, não!), telhas quebradas, roupas sujas e rasgadas etc. Isso não é doar, é transformar entidades ou igrejas em lixeiras.

Há pessoas que, com pena de jogar qualquer coisa fora, resolvem doar, achando que fizeram sua obrigação. Já trabalhei algumas vezes na triagem de objetos doados e fiquei indignada. É um absurdo ter de pegar roupas imundas e rasgadas que só servem para pano de chão.

Lembre-se! Se não serve para você, servirá muito menos para os outros. A alegria e o prazer de doar só se justificam se o que for doado servir para alguém usar de pronto, imediatamente. Seja, no mínimo, elegante: se quiser de fato doar algo, conserte, limpe, costure, lave, passe e, se possível, deixe-o perfumado!

Economize sempre que puder

A idéia não é minha. Creio ter lido num livro ou em outro lugar qualquer. Sempre que você ou alguém da sua família quiser comprar algo, tente encontrar três propósitos ou utilidades para aquilo que for adquirir. Faça um teste. É muito divertido.

Pegue uma pequena quantia de dinheiro, dê a cada membro da família — para as crianças também — e vá às compras. A regra é a *regra-três!* Se encontrarem três propósitos ou utilidades para o que desejam comprar, podem comprar.

É surpreendente ver os diferentes objetos comprados e as explicações: alguns vêm acompanhados de explicações bastante esdrúxulas; outros, de lições de criatividade.

A *regra-três*, sem dúvida, nos ajuda a pensar bem antes de comprar inutilidades. E você não irá mais desperdiçar tempo ou dinheiro.

Pense nisto: se você comprar um vestido de verão, não haverá muita versatilidade nisso; mas se ele combinar com aquele *blazer* para usá-lo em outra estação, ou se aquele lenço de seda ou broche da vovó transformá-lo em algo mais charmoso ou sofisticado, pronto! O simples vestidinho de verão se torna um *regra-três* (desde que você não compre também o *blazer*, o lenço e o broche, é claro!).

Uma tigela de vidro: você pode usá-la no forno, no microondas e ainda levá-la ao *freezer*; pode pôr frutas nela e decorar a mesa, colocar *pot-pourri* e perfumar a casa — é *regra-três!*

Um cesto de vime: guarda brinquedos, serve como porta-revistas, com flores secas torna-se um lindo arranjo, com lanches vai a um piquenique (*ainda se faz isso???*). Outro *regra-três!*

O computador é um outro bom exemplo: a família pode usá-lo para cuidar da correspondência, conhecer o mundo pela internet, fazer pesquisas para a escola, estudar para o vestibular, procurar um novo emprego e muito mais. Um tremendo *regra-três!*

Então, se você quer economizar, pense sempre antes de comprar algo. Lembre-se: têm de haver três propósitos ou utilidades, certo?

Economize em casa

Sabe aquele blusão de moletom ou camisa xadrez que o dono não usa mais? Faça uma almofada. Corte as mangas e o comprimento até formar um quadrado. Costure dos lados e encha com espuma. Se for uma camisa, abotoe-a e coloque o enchimento pelo colarinho. Será uma almofada superoriginal.

Faça lindos fantoches com aqueles velhos bichinhos de pelúcia que ninguém quer mais. Abra a junção dos pés, esvazie tirando o enchimento, mecanismos e lave-o bem. Costure uma bainha em torno da junção. Enfie as mãos pela abertura e dê vida ao fantoche. Se seus filhos já forem grandes, doe a uma instituição de caridade.

Mantenha a canalização de sua casa sempre limpa. Use bicarbonato de sódio e bastante água fervendo para limpá-la pelo menos uma vez a cada três meses. Produtos químicos podem estragar os canos.

Quando o agasalho do seu filho ficar apertado, faça dele um casaquinho. Corte na frente e costure dos dois lados uma barra em cor contrastante.

Guarde as sobras de tecidos. Mesmo se agora nem pense em usá-las, podem aparecer novos projetos: fazer uma colcha de retalhos, um edredom ou até mesmo uma boneca. Utilize os *jeans* que ficaram pequenos ou surrados para fazer mochilas, sacolas de praia, luvas de cozinha ou jardinagem.

Para renovar seus velhos cobertores, faça uma capa com um lindo tecido. Costure a capa junto com o cobertor para que ele não se enrole. Adicione os enfeites e detalhes que quiser. É uma excelente forma de dar vida nova a velhos cobertores.

Tente usar pelo menos uma vez mais o saco descartável do aspirador de pó, depois de limpá-lo bem.

Economize nas compras

Faça as compras de supermercado sozinha e bem alimentada. Com fome e crianças por perto, você vai gastar mais.

Não confie inteiramente nos leitores ópticos dos balcões de supermercados. Eles também erram. Saiba o preço do que está comprando. E preste atenção no visor.

Visite pontas de estoque, lojas de liquidação ou de preço único. Descubra as que oferecem qualidade e melhor preço. Fique de olho em velas, louças, papel de parede, molduras, fios, tecidos, suprimentos de costura, roupas de inverno e roupas clássicas; enfim, coisas que podemos estocar.

Preste atenção nas prateleiras mais baixas dos supermercados. Lembre que os produtos mais caros, nem sempre melhores, ficam sempre ao nível dos olhos, e os mais baratos, não necessariamente piores, nas prateleiras mais baixas. Quando for alimento perecível, procure sempre pela data de validade mais longa.

Economize com o carro

Pense bem antes de comprar um carro zero-quilômetro. Você pode economizar bastante comprando um carro que foi pouco usado. Esses carros normalmente ainda estão na garantia, em excelente estado e você utiliza o que economizou equipando o carro ou fazendo aquela viagem que sempre sonhou. Afinal, aonde vai um zero-quilômetro vai um usado também, não é?

Para economizar e ter um carro de último modelo, prefira os do ano anterior, com modelo do próximo ano. Escolha um que combine preço baixo, pouco gasto de combustível por quilômetro rodado, baixo custo de manutenção, peças e conserto.

E, por favor, *antes* de decidir, informe-se com o seu corretor sobre o preço do seguro. É comum acontecer: você pensa que fez um bom negócio, mas, por causa do alto índice de roubo daquela marca, modelo ou tipo de carro, o preço do seguro é alto e tudo acaba saindo bem mais caro.

Tenha sempre uma oficina ou um mecânico de confiança, alguém em quem você pode confiar. Caso contrário, verifique há quanto tempo ele trabalha, se já atendeu algum conhecido e, principalmente, faça tudo por escrito. Tenha certeza de que ele sempre lhe oferecerá a melhor opção com o menor custo possível.

Economize com cosméticos e roupas

Você tem uma escola de cabeleireiros perto de casa ou do trabalho? Então, aproveite. Os preços são baixos e o trabalho geralmente é muito bom, pois é supervisionado com rigor.

Economize dinheiro usando seus cosméticos com dupla função. Por exemplo, o delineador para os olhos pode ser usado como rímel, se você utilizar uma escovinha pequena. As sombras rosadas e cor de terra podem servir como batom ou *blush*; e vice-versa.

Está provado que um batom só deve ser utilizado por, no máximo, quatro meses. Portanto, pense bem antes de comprar aquela cor do momento, pois vai ficar fora de moda em pouco tempo.

Também é bom lembrar que toda maquiagem deve ser descartada após seis meses de uso ou não. É duro dizer isso, mas é uma questão de segurança (bactérias, cheiro etc.). Não adianta viajar e comprar toneladas de artigos para maquiagem. Em seis meses, você terá de descartá-los.

Não desperdice seu dinheiro comprando cremes caríssimos. Você pode muito bem fazer seus próprios cosméticos. Este livro ensina todos os segredos no capítulo "Os segredos dos melhores *spas* do mundo". O que você vai aprender lá não fica nada a dever a ninguém.

Tente comprar a maior parte de suas roupas separadamente. Conjuntos sempre são mais caros, a não ser em liquidações ou em pontas de estoque.

Seja criativa. Compre peças básicas, como saias, calças, *blazers*, cardigãs em cores neutras. Depois, divirta-se: combine com blusas, lenços e camisetas coloridas, no tom ou estampa da moda. Como esses itens são mais baratos, podem ser reciclados ou doados quando não forem mais interessantes.

Economize nas viagens

Compre suas passagens com antecedência e confirme em que época, dia da semana e horário os preços são mais baixos. Compare preços entre diferentes agentes de viagens. É interessante ligar diretamente para as linhas aéreas e perguntar a tarifa mais barata para o seu destino. Podem existir opções mais em conta por causa de um *stop* ou traslado a mais.

Compare o custo entre viajar por terra ou ar. Lembre que por terra você irá gastar com hotéis, refeições, paradas, o que pode sair muito mais caro. Verifique o custo da viagem de trem.

Se precisar alugar um carro no seu destino, faça cotações em três locadoras. Você pode se surpreender com a diferença de preços. Não se esqueça de perguntar se o seguro está incluído. Algumas seguradoras estendem o seguro de seu automóvel para o carro que você alugar em outro estado ou até mesmo em outro país. Alguns cartões de crédito também oferecem esse benefício. Verifique as possibilidades com o seu corretor.

Se você tem assistência 24 horas para o seu veículo, verifique se inclui assistência pessoal para você e sua família em viagens ao exterior sem o carro. A maioria das seguradoras e cartões de crédito no Brasil oferece esse serviço e pouca gente sabe.

Ainda sobre assistência 24 horas para veículos: quando minha filha viajou para estudar um tempo no exterior, descobri que o seguro do meu carro cobria a assistência pessoal em viagem para os filhos, mesmo que estivessem viajando sozinhos. Fiquei bem mais tranqüila quando lhe dei o cartão da assistência, com um telefone para onde ela poderia ligar e receber ajuda em situações de emergência, como doenças ou acidentes. O serviço inclui assistência médico-hospitalar e dentária, remoção por helicóptero ou avião-UTI, aviso aos pais, auxílio em caso de roubo ou assalto, perda de bagagem e outras coisas mais.

Leia sempre os contratos e condições gerais. No Brasil, isso não é muito comum. Saiba o que comprou, o que tem direito e o que não tem. Você pode economizar muito e evitar dores de cabeça.

Economize água e energia elétrica

Redirecione a mangueira da máquina de lavar para um balde bem grande. Use essa água para lavar carro, quintal, banheiro, cozinha. Utilize as máquinas de lavar louça, roupa e de secar na capacidade máxima.

Quando usar a lava-louças, desligue-a um pouco antes de terminar o ciclo de secagem. Abra a porta e use o ar ambiente para terminar a secagem.

No inverno, abra bem suas cortinas e deixe o sol inundar e esquentar sua casa. Ao usar o aquecedor, não se esqueça de verificar se não existem frestas nas janelas ou embaixo das portas por onde o calor possa escapar.

Utilize lâmpadas que economizam energia.

Não seque as roupas completamente na secadora se for passá-las imediatamente. Fica mais fácil passá-las e você ainda economiza energia. Por outro lado, toalhas de banho e alguns tipos de roupas devem secar bem na secadora, pois, como estão quentes, é só dobrar, alisar bem com as mãos e guardar, sem precisar do ferro.

Se você tem um aquecedor central de água, coloque um cronômetro no seu aparelho para não gastar energia à toa.

Conserte rapidamente os vazamentos. Uma torneira vazando uma gota de água por segundo desperdiça de 20 a 40 litros de água em uma semana.

Você sabia que as caixas de descarga no Brasil são maiores? Se na sua casa ela for acoplada ao vaso sanitário, economize enchendo uma garrafa de refrigerante com 2 litros de água. Feche firmemente com a tampa. Dê a descarga. Coloque a garrafa dentro da caixa de descarga. A bóia será acionada assim que a água atingir o nível, mas em quantidade menor, por causa do espaço ocupado pela garrafa cheia. O resultado vai ser o mesmo. Agora faça as contas. Se você poupar dois litros de água por dia com essa simples providência, serão economizados mais de setecentos litros por ano.

Economize espaço

Meu lema é economize, economize, economize. Quanto mais organizada você for, mais dinheiro economizará. Numa casa com armários de cozinha, despensa, banheiros e farmacinha bem organizados, você é capaz de saber exatamente o que tem e não vai comprar nada sem necessidade.

Olhe para os espaços que estão em lugares altos. Às vezes, deixamos um espaço entre os armários e o teto para colocar objetos de decoração. Veja se não dá para fechar esse espaço, criando um novo andar de armários, e ocupá-lo com itens que utiliza com menos freqüência.

Coloque prateleiras na parede, ao redor do cômodo, a uns 50 cm do teto. É uma excelente opção para o quarto das crianças, onde você pode guardar aqueles brinquedos de estimação dos seus filhos.

Uma idéia para guardar bichinhos de pelúcia e bonecas é pendurá-los numa rede, num canto do quarto, bem no alto. A rede você mesma pode fazer. Prenda cada ponta com um gancho, uma em cada parede, bem próximo ao teto. Os bichinhos e as bonecas ficarão descansando suavemente lá em cima.

Às vezes, tudo o que temos é um espaço em cima de uma porta, entre o batente e o teto, num quarto ou banheiro. Que tal colocar uma prateleira lá?

Faça prateleiras aéreas com caixas de madeira ou caixotes reciclados. Se o teto tiver estrutura para suportar os ganchos e o peso, faça furos nos caixotes e pendure-os no teto, usando quatro cordas que vão passar pelos furos. Estabeleça a distância entre eles e dê um grande nó embaixo de cada um, para ficarem firmes e no lugar. Você pode tê-las em qualquer cômodo. Na varanda, são ótimas para colocar vasos de flores ou de temperos.

Olhe para baixo. Existem espaços que muitas vezes deixamos de utilizar, como embaixo das camas. Com seis painéis de compensado (dois grandes para a tampa e o fundo, e quatro para as laterais) e quatro rodinhas, você faz um excelente gavetão para colocar embaixo da cama. Nele, podem ser guardados sapatos, roupas de cama, brinquedos. Coloque tampa na gaveta e use dobradiças de piano para não acumular poeira. Faça dois furos largos para poder abrir o gavetão com facilidade.

Olhe para trás. Se você tiver de colocar um móvel de canto, pense seriamente em aproveitar o vão morto que ficará atrás. Use pedaços de compensado e terá uma mesinha, com três pernas e duas ou três prateleiras.

Em cima, um abajur ou um lindo vaso. Sempre existe algo que pode ser guardado ali.

Se há uma parede com uma porta dividindo dois ambientes, tire vantagem disso. Consulte um engenheiro, arquiteto ou olhe a planta, para ver se não é uma parede estrutural, e derrube-a, dividindo o espaço com prateleiras laterais. Coloque ali seus objetos de decoração.

Olhe ao redor. Recheie seus travesseiros decorativos ou almofadas com suas mantas de inverno. Economize o recheio e o espaço.

As malas estão vazias? Caso não viaje com freqüência, que tal guardar nelas os enfeites de Natal, as roupas de inverno no verão e as de verão no inverno?

Escadas de madeira. Principalmente em casas de campo. Por que não tornar cada degrau uma gaveta? Imagine!

Algumas caixas podem ficar muito interessantes se forem cobertas com restos de papel de parede, tecido ou papel adesivo. Você pode ocupá-las com CDs, livros e empilhar duas ou três para obter mesinhas laterais ao sofá ou cama.

Pegue um bom cabide de madeira. Enfie várias argolas fortes na ripa de madeira em que penduramos calças. Dessa forma, você poderá pendurar mais cabides num só e economizar espaço no guarda-roupa.

Para ler na cama, faça dois bolsos para guardar Bíblia, óculos, livros e revistas. Pegue um pedaço de algodão cru. Corte duas tiras com 40 cm de largura e comprimento igual à largura da sua cama, supondo que seja 1,60 cm. Junte as duas tiras, costurando-as. Meça 80 cm de cada lado, faça uma marca no meio e dobre, deixando 40 cm de cada lado da tira. Costure as laterais. Use agulha própria para tecido bem grosso. Tire o colchão. Estenda a tira no estrado, mais ou menos na altura onde ficam os travesseiros. Coloque o colchão novamente por cima. Você terá dois bolsos, um de cada lado da cama, bastante fortes e resistentes.

Se você tem uma garagem, armazene lá suas coisas em caixas numeradas, empilhadas umas sobre as outras. Faça uma lista do que foi guardado em cada uma com os respectivos números. Faça a lista no computador, classifique alfabeticamente e você poderá achar qualquer coisa em poucos minutos.

Às vezes o sótão pode ser um bom lugar para armazenar coisas que usamos pouco. Abra a portinhola que dá acesso e veja se pode e como utilizar esse espaço. Lembre-se: é sempre melhor crescer para cima do que para os lados (isso vale também para nossa cintura, não é mesmo?). Não deixe de ter uma lista de tudo que guardou lá.

Economize ao dar presentes

Se você é parecida comigo, adora presentear as pessoas. Só que o preço dos papéis de presente, na minha opinião, é absurdo. Seja criativa. Use sobras de papel de parede (aproveite as liquidações), há padrões lindos.

Jornal é outra excelente opção: tiras engraçadas, jornal chinês ou japonês. O presente fica lindo amarrado, com barbantes cru e preto. Uma outra dica é tingir você mesma o barbante. Lembre-se de dar uma passada de verniz em *spray* antes no jornal. Você não quer que o presenteado fique com as mãos sujas, não é mesmo? Ou então faça fotocópias. Garanto que é mais barato e original.

Use sacos de papel de padarias e farmácias. Você também pode comprá-los sem logotipos, por quilo ou cento, diretamente do fabricante ou distribuidor. Borrife um *spray* dourado ou prateado e amarre com ráfia ou fitas coloridas. Guarde retalhos de tecido, corte em tiras, engome e passe muito bem. Você terá fitas coloridas sempre à disposição.

Use tecidos para embrulhar seus presentes ou forrar caixas. Outra vantagem é que o presenteado sempre poderá usar a caixa para diversas finalidades. No capítulo "Artesanato e bricolagem", ensino a marmorizar e decorar qualquer tipo de papel. É rápido e barato.

Economize com alimentação

Seja prática, mas austera. Saiba comprar sem abrir mão da qualidade. Sacolões e feiras ainda são ótimos lugares para comprar legumes, frutas e verduras.

Procure pela barraca orgânica, de alimentos cultivados sem pesticidas. Pode sair um pouquinho mais caro, mas a sua saúde e a da sua família serão bem melhores, e você economiza com médicos e remédios.

Procure alternativa para a carne: a soja é um dos mais ricos alimentos que existem e substitui perfeitamente a carne. Se você souber usá-la, fará pratos deliciosos e nutritivos. Nosso país é um dos maiores produtores e exportadores de soja do mundo. Por outro lado, apresenta um dos mais baixos índices de consumo interno. Temos aqui um alimento rico em proteínas, ainda assim desconhecemos o poder desse grão.

Não guarde as verduras com as folhas molhadas. Espero que você as lave assim que chegar do supermercado, feira ou sacolão. Você não quer bichinhos passeando pela sua geladeira, quer? Depois enxugue cada folha. Embrulhe tudo em papel-toalha e coloque num saco plástico para durar muito mais.

Sempre que fizer um prato gostoso, faça dois. Congele um e economize energia, gás e trabalho.

Guarde sempre a água em que cozinhou verduras e legumes e utilize-a em sopas e molhos. Se for água de batatas, deixe esfriar e fertilize suas plantas. As samambaias adoram!

Economize com generalidades

Pergunte sempre ao farmacêutico se existe um remédio genérico para aquele medicamento absurdamente caro. Consulte uma farmácia de manipulação de confiança. Às vezes, fica mais barato. Além disso, eu mantenho uma listinha com todos os medicamentos que tenho em casa, com a respectiva validade. Quantas vezes você já não foi correndo ao médico, passou pela farmácia e comprou um remédio que estava na sua farmacinha?

Encontre um banco em que não tenha de pagar taxas de serviço ou em que elas sejam mais baratas. O mesmo vale para cartões de crédito. Confira taxas, anuidades gratuitas, serviços de assistência oferecidos. Fique de olho!

Lembre sempre que é melhor prevenir: faça seguro de tudo o que você possui. É interessante observar que, no Brasil, a maioria das pessoas, ao comprar um carro, contrata um seguro imediatamente. Mas o que dizer da vida das pessoas que estiverem no carro, se houver um acidente? E a sua casa? É muito triste ter seus objetos roubados ou em minutos, num incêndio, perder uma casa que muitas vezes levou anos para ficar do jeitinho que você sonhou. Então, você pode e deve contratar:

- um seguro para a sua casa, mobília, computador, eletrodomésticos etc;
- um seguro educacional que garanta a educação dos seus filhos, se algo acontecer com quem paga as mensalidades;
- um seguro de automóvel;
- um seguro de vida e acidentes pessoais.

Agora, vamos falar sério e pensar nesse assunto por um instante. E, por favor, não se perturbe com isso. É algo que deve ser discutido por toda a família, a exemplo do que ocorre nos países mais desenvolvidos que o nosso, onde esse item faz parte, naturalmente, de qualquer planejamento familiar.

Ninguém está livre de sofrer um acidente ou uma doença, mas, se pudermos nos cercar de dispositivos que ajudem a atenuar uma das conseqüências, pelo menos, sejamos inteligentes.

Você sabia que a perda do chefe da família (mãe ou pai, aquele que sustenta a casa), além de todo o sofrimento, causa um desequilíbrio financeiro que dura de dois a três anos até que a família se recupere?

O seguro não foi feito para enriquecer ninguém, o que seria terrível. É apenas um recurso para garantir o padrão de vida familiar até a completa reestruturação financeira após uma lamentável perda.

É por isso que, para calcular o valor adequado e estabelecer a indenização em caso de morte, se deve multiplicar a renda mensal por 24 ou 36 (o número de meses referente aos dois ou três anos necessários). Se tiver um imóvel financiado ou outros bens, incluindo carros, soma-se o valor total de cada um ao resultado da multiplicação e se chegará ao valor do *capital* (como é tecnicamente chamado o valor da indenização) que deve ser contratado.

Outro ponto a destacar é que todo seguro de vida, em geral, além de indenização para o caso de morte, prevê também para invalidez permanente. Uma cobertura importante que não pode faltar. Você sabia que uma pessoa que sofre uma doença ou acidente e fica inválida (ninguém está livre disso hoje em dia, com tanta violência, trânsito nervoso e ânimos exaltados) gasta uma verdadeira fortuna por ano para se manter, locomover, comprar medicamentos, aparelhos e equipamentos especiais?

Se você conhece pessoas nessas condições, leu sobre o assunto ou assistiu a uma entrevista de alguém que passou por algo assim, vai descobrir que a segunda pior coisa que acontece é a perda da independência, da privacidade, pois a pessoa fica, de certa forma, à mercê, dependente dos outros para viver.

Nesse caso, uma indenização financeira não vai amenizar a dor, não vai substituir nenhuma perda — nem de um dedinho apenas —, mas proporcionará os meios necessários para um viver digno e produtivo.

Portanto, pensar em se prevenir, tendo a garantia de uma indenização também para invalidez — seja por doença, seja por acidente —, é uma demonstração de maturidade, uma atitude inteligente e racional. Pense nisso!

Organize sua casa

Creio que você sabe o quanto ser organizada facilita sua vida, não é mesmo? A primeira pergunta a se fazer é: estou interessada em ser organizada? A verdade é que existem pessoas que vivem perfeitamente bem no caos e são felizes assim.

Se esse for o seu caso, não vejo necessidade alguma de você mudar, desde que de fato esteja se sentindo bem em ser desorganizada. Como diz minha amiga: "na minha bagunça, sempre encontro o que quero".

Ou talvez você nem se ache tão desorganizada. Vamos a um pequeno teste?

- Você se sente deprimida pela manhã ao ver a pilha de louça suja da noite anterior?
- Está cansada do drama que é procurar peças de roupas, objetos e chaves perdidas?
- O recipiente de lixo está sempre vazio ou é necessário um guindaste para levá-lo para fora?
- Uma vez que a louça está lavada, a tendência é que fique empilhada em cima da pia ou na lava-louças?
- Suas revistas, jornais e correspondências estão espalhados pelo chão ou sobre algum móvel em algum lugar?
- Você pendura suas roupas ou coloca na máquina para lavar assim que as tira, ou sua mobília é o seu cabide?
- Conhece as expressões: "onde foi mesmo que coloquei a tesoura?", "onde foi parar aquela camiseta que combina tão bem com este *blazer?*", "manheeeeeê, onde está a blusa da minha roupa de ginástica?", ou ainda "querida, onde está aquela gravata que ganhei no dia dos pais?"?

Se você respondeu sim a pelo menos três perguntas, se a desorganização causa em você estresse e confusão, sua casa parece um campo de batalha e se o seu desejo é que uma fada apareça a qualquer momento para arrumar tudo, então, continue lendo. Você é uma especialista em criar o caos. Ou, pelo menos, sofre um estresse danado durante algum tempo, até colocar tudo em ordem, o que não dura muito tempo, não é mesmo?

A maior parte dessas tarefas, para quem quer se organizar e viver mais leve, deve ser feita diariamente. É verdade! Depois de algum tempo executá-las se tornará algo automático, acredite!

Talvez você não saiba por onde começar. Mas, com um pouco de esforço, bom humor e força de vontade, você chegará lá. Ninguém quer que se torne a rainha da perfeição — o que é muito chato, não acha?

A disciplina para se organizar e manter-se organizada só vale se for encarada com bom humor, criatividade, como um desafio divertido. Não é preciso arrancar os cabelos se durante alguns dias não puder manter tudo organizado. Não existe corte marcial nem castigo, e é prova de sabedoria e maturidade reconhecer que os acidentes de percurso são inevitáveis e perfeitamente toleráveis.

Também não adianta bancar o general: nem todos na sua casa vão aderir a essa sua nova faceta. Aliás, talvez nem acreditem nas suas boas intenções. Vá com calma. Com alguns truques e muita tranqüilidade, todos podem acabar aderindo, se perceberem que isso se tornou algo divertido e agradável.

É muito importante ter em mente que uma ação, para se tornar um hábito, deve ser repetida por vinte e um dias consecutivos. Isso mesmo: vinte e um dias. Não sei se essa é uma boa ou má notícia, depende do contexto, mas é algo para se pensar, não? Então, vamos lá! Olhe à sua volta e observe se há algo que pode ser feito ou melhorado rapidamente, com resultados imediatos. Aqui estão alguns exemplos.

Faça sua cama ao se levantar

Se as crianças forem grandinhas, peça que façam suas camas também. Se você nunca fez sua cama antes de sair de casa, a tarefa exigirá um tremendo esforço, mas, por outro lado, abrirá um sorriso em seu rosto quando voltar e encontrar o quarto em ordem.

Arrume as gavetas e armários

Se você olhar para a casa inteira, verá uma grande área a ser organizada e poderá desanimar. Comece pelas gavetas e armários.

Organize remédios e receitas

Esse é um item muito importante para se ter organizado e não leva muito tempo. Pegue uma caixa para cada membro da família. Etiquete com o nome de cada um. Dentro, guarde todas as receitas médicas, exames realizados e os medicamentos que tomaram em cada ocasião, e preste atenção aos prazos de validade. Isso pode ser muito útil na próxima vez em que levar um deles ao médico.

Automatize com lembretes

Envolva a família toda na busca pela organização. Coloque lembretes do tipo: abriu, feche; emprestou, devolva; pegou, guarde; sujou, limpe; derrubou, pegue; molhou, enxugue; tirou, pendure.

Pense em "fluxo de trabalho"

Vamos usar sua pia da cozinha como exemplo. Se você for destra como eu, provavelmente os pratos sujos ficarão à direita e os limpos à esquerda. Portanto, o correto é um armário à esquerda da pia para guardar os pratos. Pense nisso.

Faça uma lista

Use sua agenda. Não saia de casa sem ela. Faça uma lista diária das coisas que você precisa fazer: ir ao banco, marcar dentista, buscar roupas no tintureiro, reuniões.

Arquive

Procure fazer uma pasta com divisórias, contendo itens das coisas que você quer fazer (ou guardar), separando por categoria: Cartões de aniversário (*nunca mais vou esquecer o aniversário da minha tia*), Presentes de Natal (*este ano vou realmente começar a pensar a tempo sobre isso*), Contas a pagar, Contratos, Notas fiscais. Crie uma pasta para cada membro da família guardar seus diplomas, currículos, documentos, certidões etc.

Crie rotinas

Primeira: dez minutos para fazer

Saiba que as tarefas que tomam mais tempo são... as pequenas tarefas. Aquelas pequenas coisas que vamos adiando, adiando, deixamos acumular e, um dia, descobrimos que vão nos roubar horas para concluí-las.

Mas há uma forma de tornar essas pequenas e entediantes tarefas divertidas e, principalmente, obter colaboração de toda a família.

Separe uma caixinha para cada membro da família e etiquete com seu respectivo nome. A caixa conterá papéis descrevendo pequenos trabalhos que têm de ser feitos e que tomam, no máximo, dez minutos para concluir. É claro que você deve adaptar as tarefas à personalidade e à idade de cada membro da família. Por exemplo: um adolescente pode se encarregar de dar banho no cachorro, uma criança menor pode guardar todos os brinquedos numa caixa, outra pode limpar os sapatos. Você finalmente vai pregar o botão naquela camisa e seu marido, consertar a tomada. À medida que os papéis forem tirados e as tarefas, executadas, guarde-os em outra caixa, intitulada Tarefas concluídas. Quando as caixas esvaziarem, basta adicionar novas tarefas ou repetir as anteriores, se forem constantes. E assim começar o processo novamente, que funciona também num escritório, oficina ou ateliê.

Segunda: dez minutos para completar

A regra é: todos têm de completar uma tarefa em exatos dez minutos. Essa rotina funciona da seguinte maneira: coloque um *timer* marcando dez minutos. Assim que o relógio começar a funcionar, cada membro da família tem exatos dez minutos para guardar tudo o que for seu e estiver fora de lugar. Isso vale também para você lavar e guardar a louça do jantar. Quem terminar primeiro, ganha um sonoro aplauso.

Terceira: dez minutos para atingir o objetivo

Todos sabem que estabelecer metas é uma das formas mais eficientes para atingir objetivos, não importando quais sejam. Isso também depende de organização. Está comprovado que não são os grandes desafios que nos impedem de atingir o que queremos, mas os pequenos esforços necessários para chegar cada vez mais perto do que almejamos.

Estabeleça para você e para os seus queridos os "dez minutos para atingir o objetivo". É muito simples: se o objetivo for aprender outro idioma, dedique dez minutos todos os dias a aprender uma língua estrangeira. Se for trabalhar com computadores, invista dez minutos num curso de informática. Se for passar algum tempo meditando, comece com dez minutos. Ginástica? A mesma coisa. Você vai observar que os objetivos a serem atingidos ficarão cada vez mais próximos. Isso vale para todos.

Se você começar por fazer pelo menos uma dessas sugestões, vai perceber que estará criando um ambiente que recompensará seu esforço. Aos poucos, o estresse e a pressão decorrentes da desorganização começarão a desaparecer.

Alguns exemplos de organização

É muito freqüente vermos matérias em revistas de decoração sobre organização de casa, roupas, armários, escritório. E pode ser que agora você tenha ficado totalmente motivada e decidida a ser uma pessoa organizada.

Contudo, há um problema. As matérias das revistas de decoração costumam mostrar utensílios e objetos muito caros que, além de organizar suas coisas, decoram com charme e elegância. E aí você desanima. Descobre quanto custam aquelas lindas caixas plastificadas, coloridas, com etiqueta e tudo, e pensa: "Céus!... Eu poderia comprar algo bem mais útil com esse dinheiro!". Na verdade, o que você pode fazer é reciclar (adoro essa palavrinha!) e organizar ao mesmo tempo, com um pouquinho de criatividade.

Olhe o que você já tem, veja se pode ser modificado para se adaptar às suas necessidades, procure em lojas de preço único. Mantenha os olhos abertos.

É tudo uma questão de adaptação. E, falando em adaptar, uma das coisas que considero mais criativas (e que me parece ser feita apenas no Brasil) é o uso que deram a um simples... balde de plástico. Você sabe: um balde plástico é um balde de plástico e pronto! Todo mundo sabe para que serve. Mas não para alguém que viu num balde de plástico uma utilidade a mais. Única e inteligente. Sabe do que se trata? São aqueles baldes colocados de cabeça para baixo, furados no fundo, com uma lâmpada, amarela ou vermelha, utilizados para sinalizar obras noturnas. Surpresa? É isso mesmo! Toda vez que eu passo em determinado local e vejo aquela fileira, às vezes enorme, de baldes pendurados, iluminando, alertando e orientando, eu penso: "Puxa vida! Eu gostaria de ter metade da criatividade de quem inventou isso!". Sabe por quê? Porque é prático! Se colocassem luminárias, com certeza gastariam muito mais, e a reposição teria de ser muito freqüente, pois ficariam pouco tempo ali. Além disso, os baldes de plástico protegem as lâmpadas e os soquetes da chuva, cumprem muito bem sua função de iluminar sem ofuscar e — mais importante — quem vai querer baldes furados? É. É a isso que eu chamo adaptar, reciclar, aproveitar, olhar com outros olhos, ser criativo.

Então, aqui vão algumas dicas para você se organizar sem gastar uma fortuna.

Caixas de cereais

Você pode revesti-las com sobras de papel de parede ou de presente, pode plastificá-las ou usar qualquer outra técnica que conheça para deixá-las mais bonitas. Use-as para organizar sua coleção de fascículos, para guardar a correspondência, papéis ou envelopes.

Cestos

Parece que nunca temos cestos suficientes. São lindos, versáteis e ajudam a organizar nossas coisas. São baratos e você pode usá-los ao natural ou pintá-los com tinta *spray*, fazer *découpage* etc.

Minhas sugestões: faça um porta-revistas, coloque de forma graciosa seus novelos coloridos de tricô e crochê, coloque as listas perto do telefone, use como bandeja, como galheteiro para servir à mesa, guarde seus pregadores de roupa, organize sua lavanderia. Se for uma cesta funda, com alças, use para colocar todo seu material volante de limpeza — aquele que você utiliza normalmente quando limpa a casa. É mais prático colocar todos juntos e levá-los de um cômodo a outro. Use, ao arrumar a casa, para colocar aqueles objetos "sobrenaturais" que você encontra: um parafuso que caiu sei lá de onde, o sapatinho do pé esquerdo da boneca da sua filha (*se a boneca ficar sem um sapatinho, ela vai chorar horas*), um lápis de cor (de qual filho é?), chaves, moedas etc.; a lista não tem fim, você sabe como é. Mas lembre-se de que é um cesto provisório. Mostre-o a todos os membros da família, para que o identifiquem, para que seu filho fique feliz porque você não jogou fora uma das figurinhas do álbum que ele vem colecionando há meses.

Vidros de conserva e de comida para bebês

Organizam, armazenam, decoram e se transformam em presentes originais. Após decorá-los, use-os para colocar colheres, pincéis, lápis e canetas, ervas, compotas, conservas, biscoitos, pincéis e lápis de maquiagem.

Prepare molhos maravilhosos, como, por exemplo: coloque dentro do vidro azeite, sal, vinagre balsâmico, mostarda, queijo parmesão ralado, molho inglês, uma colher de chá de açúcar mascavo ou mel e orégano. Tampe e agite muito bem, como se fosse uma coqueteleira. Tempere a salada. É um molho fantástico!

Presenteie com originalidade, levando na próxima visita a receita de deliciosos *cookies* em três vidros. Siga as instruções:

- no primeiro vidro, utilizando um funil, coloque 1 ½ xícara de aveia, 1 copo de farinha de trigo, 1 colher de chá de fermento em pó, 1 pitada de bicarbonato de sódio e 1 pitada de sal. Tampe bem. Escreva numa etiqueta: "N.º 1: agite bem e coloque numa tigela", e cole-a no vidro;

- no segundo, coloque ¾ de xícara de açúcar mascavo, ¾ de xícara de açúcar comum e 1 colher de chá de raspas de casca de laranja. Tampe bem. Escreva numa etiqueta: "N.º 2: junte ao conteúdo do primeiro vidro, adicione 2 ovos, 1 colher de sopa de manteiga e misture tudo", e cole-a no vidro;
- no terceiro, adicione 250 g de chocolate em gotas, ½ xícara de amêndoas picadas e ½ xícara de nozes. Tampe bem. Escreva numa etiqueta: "N.º 3: junte ao conteúdo dos outros vidros, amasse bem e faça os *cookies*, assando no forno por 10 minutos", e cole-a no vidro.

Não se esqueça de, antes, esterilizar bem os vidros. Capriche na formação das camadas dos ingredientes, coloque um laço bem bonito. Juntos, vão se deliciar com os melhores *cookies* do mundo!

Caixas de sapato ou de papelão

Como tenho pouco espaço, eu as uso da seguinte forma: guardo roupas de praia no inverno e roupas de inverno no verão. Dá para guardar material de artesanato, fotografias, documentos contábeis, toalhas de banho bem enroladas, medicamentos, enfeites de Natal. Faço miniarquivos para receitas, forrando caixas de sapato com tecido contrastante nas tampas. Gosto de forrar as grandes com sobras de papel de parede, de presente e, às vezes, pintá-las.

Armários de cozinha

Não se desfaça dos armários suspensos da cozinha. Lixe, pinte, decore o que você já tiver e use-o no escritório ou no ateliê para guardar material. Instale-o na garagem ou área de serviço e guarde ferramentas, tintas, sapatos, material de limpeza.

Outra dica: se o seu armário for pequeno, em vez de instalá-lo no alto, coloque-o em altura baixa para que as crianças guardem brinquedos ou material de artes. Assim, elas terão uma superfície para brincar ou estudar.

Caixotes ou engradados

Aproveite. Pinte-os, decore-os. Use para armazenar centenas de coisas e como mobília também. Conheci uma professora de artes cujo ateliê de cerâmica tinha numa parede uma estante toda feita de caixotes pintados — cada um numa cor bem viva. Lá, os alunos expunham trabalhos. Faça um baú para as crianças guardarem brinquedos. Empilhe-os no *closet* e guarde seus sapatos. Forre-os e use-os ao pé da cama para guardar suas mantas neles.

Arquivos de aço

Às vezes você os encontra em liquidações de móveis de escritório usados, bem baratinhos. A primeira sugestão: use como arquivo particular em sua casa, para aquelas pastas que você organizou. Pinte cada gaveta com tinta para quadro-negro e escreva seus lembretes nelas com giz. Outra sugestão: em vez de pastas suspensas inteiras, use só a borda das pastas, onde ficam as ferragens (retire o papel ou plástico que forma a pasta). Dobre cuidadosamente suas sobras de tecidos, papéis de parede e de presente e pendure-os nas bordas das pastas. Como as gavetas são fundas, fica fácil organizar e achar o que precisa. Se quiser, compre dois arquivos de aço pequenos, com três gavetas apenas. Com uma tábua ou uma velha porta em cima, você ganha uma excelente escrivaninha.

Mulheres e maiôs

Há pouco tempo, fiz a minha peregrinação anual de tortura e humilhação para comprar um maiô.

Quando eu era criança, o traje de banho adequado a uma mulher madura era maiô para mulher com corpo de mulher madura. Reforçados, bem estruturados, aqueles maiôs não eram obras de arte, mas modelados e costurados para segurar, levantar, disfarçar, e cumpriam muito bem sua função.

Hoje, os maiôs são destinados a pré-adolescentes com um corpo esculpido em mármore, e não importa se o tamanho for 38 ou 46.

A mulher com um, digamos, *design* maduro tem pouquíssima ou nenhuma escolha.

É claro que ela pode ir até o departamento de roupas para gestantes e experimentar um traje floral, com uma saia, e ir embora parecendo um hipopótamo que escapou da Ilha da Fantasia.

Ou, então, ela pode vagar pelo departamento de trajes de banho comuns e tentar fazer uma escolha sensata.

Pois bem, eu vaguei pelo departamento de trajes de banho comuns, fiz minha escolha e desapareci na pequena câmara de horrores que eles chamam de provador (aliás, eu odeio espelhos de lojas; parece que estão ali para mostrar o quanto você é imperfeita perto do manequim que veste exatamente a mesma roupa na vitrine).

A primeira coisa que eu reparei no maiô foi a pouquíssima elasticidade do tecido. A *lycra* de que são feitos deve ter sido desenvolvida pela Nasa, para lançar pequenos foguetes ao espaço, usando-a como um grande estilingue.

E ainda vem com bônus. Isso mesmo! Você pode *levantar* seu corpo usando a *lycra* como propulsor, e ainda proteger os órgãos vitais de um ataque de tubarão (se bem que os tubarões já não devem ser tão bobos para morder uma barriga com um maiô desses e levar uma pancada violenta na mandíbula, como com um chicote).

A briga para entrar no maiô foi feroz, mas eu vibrei quando consegui colocar a última alça no lugar. Só que, quando me olhei, engasguei de horror. Meu peito tinha desaparecido. Eu achei um encolhido embaixo do meu braço esquerdo e o outro junto à minha sétima costela. É que os maiôs de hoje não têm o que chamávamos de sustentador para os seios.

Tentei realinhar tudo e me virei novamente para o espelho, para uma avaliação geral. Bem, tudo cabia direitinho, isto é, cabiam aqueles pedacinhos de mim que não deviam estar lá. O restante estava todo para fora, saía por cima, pelo fundo e pelos lados.

Como demorei muito para vestir o maiô, a vendedora colocou sua cabeça ao redor da cortina e disse: "Oh, aí está você; todinha". "Sim, tudo isto sou eu", respondi. "O que mais você tem para me mostrar?"

Tentei um duas-peças floral, que me deixou parecida com um guardanapo gigante, preso por um aro no meio.

Lutei para entrar num de babados irregulares, com desenho de pele de leopardo, e fiquei parecendo com o Tarzã num dia difícil.

Tentei um preto, com uma rede na barriga, e parecia uma água-viva de luto. E ainda tive coragem de experimentar um cor-de-rosa inteiriço, que eu teria de me encerar inteira para vesti-lo.

Finalmente, sucesso: achei um duas-peças perfeito. Sabe onde? No departamento de roupas para ginástica. Foi barato, confortável e amistoso comigo.

Eu o comprei. Quando cheguei em casa, li na etiqueta: material somente para ginástica, fica transparente na água.

Mas estou decidida a usá-lo. Só preciso aprender a nadar na areia.

(Adaptado/Autor desconhecido)

PARTE 3

Recicle

Decore

Artesanato e bricolagem

Crianças

Mil e uma coisas

Recicle... recicle...

Recicle, recicle, recicle. Solte sua imaginação. A natureza e o seu bolso agradecem. Não há limites para criar e recriar. Aqui estão minhas sugestões de reciclagem.

B

Bolas de borracha: se tiver motorista novo em casa, pendure uma bola pequena no teto da garagem, para que, quando a bola bater no vidro traseiro, ele ou ela saiba exatamente onde parar.

Bolas de gude: experimente colar várias delas por fora de um vaso comum de vidro, utilizando a pistola de cola quente.

Brinquedos: aqueles blocos coloridos de plástico ou de madeira utilizados pelas crianças para construir casinhas e prédios podem se transformar em puxadores das cômodas das crianças.

C

Cadeiras: faça um banco útil, estilo namoradeira, com duas cadeiras velhas. Retire os assentos e os pés da frente, deixando só o encosto e os pés traseiros. Coloque uma de frente para a outra. Corte uma tábua na medida desejada. Prenda com parafusos nos dois encostos. Utilize dois dos pés da frente que sobraram e parafuse ao meio da tábua, para melhor suporte. Forre com espuma, coloque manta acrílica e cubra com um lindo tecido. Pinte a cadeira como quiser.

Caixas de ovos

- *Sementeira:* ao plantar seus temperos em casa, você economiza e se diverte. Experimente plantar as sementes ou pequenas mudas em caixas vazias de ovos (de papelão). Faça furos embaixo para drenar a água. Outra opção é usá-las como separadores de moedas em bazares, cantinas e festas juninas para facilitar o troco. Use-as também para guardar itens pequenos, quando fizer as malas para viajar.
- *Cesta para papéis:* guarde oito caixas de ovos. Corte fora o topo de todas elas. No lugar apropriado para fechá-las faça três ou quatro furos. Junte as oito caixas em formato de círculo e, com um barbante, ráfia ou fita, prenda uma à outra pelos furos, até fechar o círculo. Um pedaço de papelão redondo, colado, será o fundo da cesta.

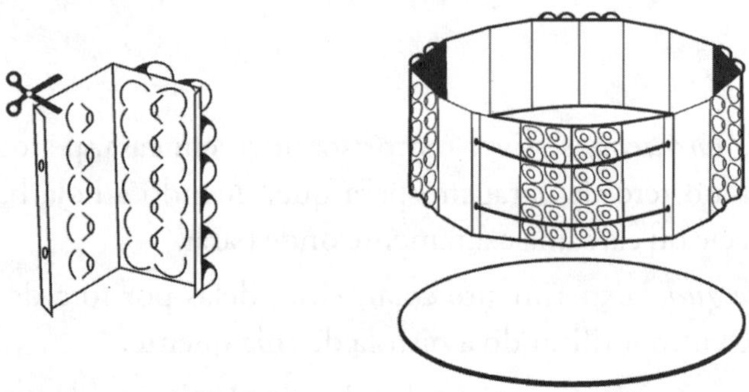

- *Paleta de pintura ou recipiente extra para gelo:* use caixas de ovos de isopor como paleta para pintura ou como recipientes extras para fazer gelo.

Caixas grandes de papelão: faça um *display* para expor fotos, lembranças de viagem ou para lembrar uma ocasião especial. Servem também como *display* para mostrar os melhores momentos do seu filho no aniversário dele. Sabe aquele primeiro dentinho, o primeiro boletim? Vai emocionar a todos.

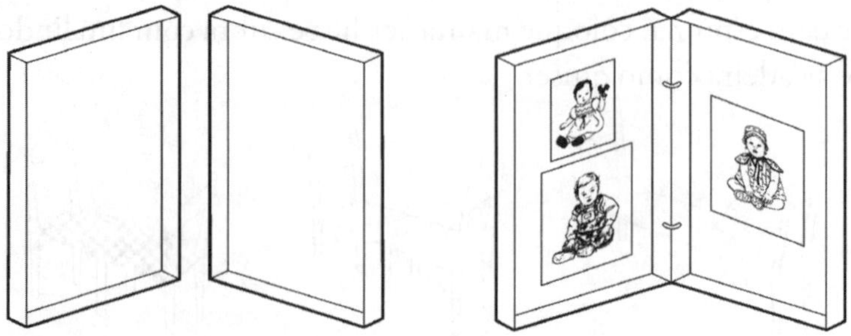

Caixas transparentes de CD

- *Mosaico:* pinte um mosaico na parte de dentro da caixinha, usando tinta para vidros e fazendo o contorno com tinta-relevo. Deixe secar. Faça um pequeno furo para pendurá-lo diante de uma janela e ver as cores refletidas através desse pequeno quadro, quando o sol atravessá-lo. As crianças vão adorar!
- Display *de fotos:* cole alguns ímãs atrás da caixinha; abra-a e coloque um conjunto de suas melhores fotos. Prenda na geladeira ou num painel.

- Display *de colecionador:* as caixinhas de acrílico transparente dos CDs são excelentes para exibir sua coleção de moedas, selos, conchas em miniatura, flores secas e até os insetos mortos da feira de ciências da escola do seu filho.

- *Porta-jóias:* guarde seus colares enrolados dentro de caixinhas de CDs.

Caixinhas de lâmpadas: se você faz cartonagem, pense em usar o verso das caixinhas vazias de lâmpadas. O papelão é de boa qualidade e o *design* corrugado faz efeitos muito interessantes em cartões.

Caixinhas longa-vida de leite ou de molhos

- *Alimentador para passarinhos:* abra um buraco bem no centro da caixinha, com espaço suficiente para um passarinho entrar. Faça um furo perto do topo, em cada um dos quatro lados. Passe um cordão neles e puxe para cima. Coloque sementes dentro e pendure numa janela ou árvore.
- Fast-food *para passarinhos:* corte o topo da caixa longa-vida. Unte com óleo vegetal. Pegue um barbante forte e vá colocando dentro da caixa, como se fosse o pavio de uma vela, deixando uma longa ponta

para fora. Derreta cera de abelha em banho-maria. Quando começar a esfriar, junte bastante alpiste. Coloque na caixa de leite longa-vida, que servirá de forma. Depois de secar bem, retire a massa e pendure numa árvore ou na varanda.

- *Recipiente provisório para semear:* corte fora o topo da caixa longa-vida, deixando-a no tamanho desejado. Faça uns furos no fundo, para drenagem da água. Preencha aproximadamente ¾ da caixinha com os componentes adequados para o que vai plantar (flores, folhagens ou ervas caseiras, cujas instruções normalmente vêm nas embalagens, indicando o tipo de terra, areia, vermiculita). Plante as sementes e siga as instruções quanto ao tempo adequado para replantar no local definitivo.
- *Balde de gelo extra:* retire o topo da caixa. Coloque garrafas pequenas de refrigerante, sucos, chás, mamadeiras, bem tampadas e bem centralizadas, dentro da caixa. Preencha os espaços da caixinha com água até quase o topo, e ponha para congelar. Você vai obter um recipiente dentro de um bloco de gelo. Se for transportar, coloque todas as caixinhas dentro de uma geladeira de isopor. Se for servir, tire a embalagem longa-vida e cubra o bloco de gelo com uma linda toalhinha de bandeja, pano de prato ou guardanapo.
- *Proteção para os pés:* retire o topo de algumas caixas. Coloque-as de cabeça para baixo sobre as cavilhas da barraca de *camping*, de forma que ninguém machuque os dedos dos pés, se esbarrar nelas durante a noite.
- *Pá de lixo de emergência:* corte em ângulo, dando formato de uma pá de lixo, e use numa emergência ou no *camping*.

Canetas marca-texto: se as canetas secaram, use-as como pincel. Suas pontas de feltro são excelentes para pintar.

Canos de PVC

- *Borlas para cortina:* decore um pedacinho de cano de PVC, cobrindo-o com massinha de modelar para fazer a cabeça e encaixar numa borla feita por você mesma. Pode ser usada também como enfeite de almofadas.
- *Floreira:* use sobras de canos largos de PVC, serrados ao meio, na horizontal. São excelentes floreiras ou jardineiras para cultivar suas ervas.

Canudos de papelão, de papel-toalha ou papel higiênico

- *Transporte de lápis e pincéis:* use para transportar lápis, canetas ou pincéis de arte.
- *Organizador de escritório:* com o canudo deitado, corte-o ao meio, para ter duas metades abertas. Faça vários e de tamanhos diversos. Cole-os num pedaço de papelão bem resistente que caiba dentro da gaveta da escrivaninha. Para torná-los mais fortes, pincele uma camada de água com cola branca em partes iguais e deixe secar. Pinte-os e coloque dentro da sua gaveta, para armazenar lápis, canetas, clipes, borrachas, elásticos.
- *Embalagem para meia-calça:* use tubos de papelão para colocar suas meias-calças ou pares de meias finas, curtas. Organize por cor. Quando viajar, você não terá todo aquele estresse para saber onde foram parar suas meias fumês ou pretas.
- *Embalagem para sacos plásticos:* enrole bem os sacos plásticos de supermercado e guarde-os dentro dos tubos de papelão. Deixe um em cada banheiro, na cozinha, na área de serviço e tenha saquinhos sempre à mão.
- *Braceletes:* corte diversos aros, pincele com cola branca e água, depois pinte com tinta plástica, envernize e cole contas coloridas. As meninas pequenas adoram brincar com esses braceletes.
- *Porta-guardanapos:* corte diversos aros, pinte ou cole papéis de parede ou de presente, ou então cubra com tecido. Depois de pronto, cole uma flor artificial em cada um.
- *Organizador de fios e extensões:* os tubos de papelão são muito bons para guardar aquelas extensões de fios que vivem pelas suas gavetas. Para caprichar mais, marque por fora a metragem da extensão. Na hora em que precisar, será muito fácil encontrar o que quer.
- *Lembrancinhas de festas:* se você decorar ou simplesmente colar papéis de presente em vários tubos, eles podem ser utilizados para embalar lembrancinhas de festas. Para meninas, coloque dentro batonzinhos, brilho para lábios; para meninos, carrinhos, bichinhos. Para os grandões, artigos de pesca, e para as convidadas, artigos de maquiagem.
- *Guarda-tudo:* guarde suas agulhas de crochê, certificados, diplomas e papéis importantes. Enrole os fios com as luzes de Natal.

- *Protetor de pequeninas plantas:* deite os rolos de papel. Corte no sentido do comprimento. Use várias metades para fincar na terra, na vertical, ao redor de plantinhas frágeis, que estão começando a crescer, para protegê-las.
- *Binóculo para crianças pequenas:* cole dois canudos de papel higiênico juntos. Pinte. Faça um furo de cada lado para passar um fio, que servirá para pendurá-lo no pescoço da criança. Cole papel celofane colorido num dos lados e dê para as crianças pequenas brincarem.

Cartas de baralho: para ter uma cúpula de abajur, faça quatro furos pequenos, um em cada canto de cada carta. Una uma à outra com barbante tingido ou outro cordão qualquer, dando pequenos nós. Faça inicialmente as fileiras verticais (na altura que quiser) e, depois, conecte as cartas na horizontal, formando a largura. Feche o canudo quando terminar. Podem-se usar fotografias também.

Cartões-postais: dê nova vida aos velhos cartões-postais. Pegue um cartão-postal bem comum, passe cola nas partes em que gostaria de destacar e jogue *glitter* por cima. O *glitter* vai colar somente onde você passou a cola. Se o cartão tiver flores, destaque as pétalas; se for uma paisagem, destaque apenas as árvores.

Cascas de ovos

- *No jardim:* coloque nas rosas plantadas em seu jardim as cascas de ovos amassadas. Elas também ajudam a manter as lesmas fora do jardim.
- *Mosaico:* use as cascas de ovos quebradas para fazer um mosaico e recobrir uma caixinha ou como moldura de fotografia. Cole-as com cola branca e pinte cada uma de uma cor.

CDs

- *Bolas de Natal:* cole pedacinhos de CDs quebrados em bolas de isopor.
- *Enfeites de Natal:* cole pedrinhas de bijuteria ou de aquário, purpurina, *glitter* e pendure-os na árvore, colando a foto dos seus queridos no centro de cada um.
- *Móbile:* cole a foto de cada membro da família no lado brilhante do CD; escreva o nome de cada um com cola e jogue purpurina por cima.
- *Cabeceira de cama:* se tiver vários CDs, decore a cabeceira da cama, faça um *border* na parede ou em volta do espelho.

- *Refletor de luzes de Natal:* coloque CDs entre as luzes de Natal que ficam fora de casa. Eles vão refletir as luzes e o efeito será multiplicado.
- *Refletores de segurança:* faça refletores ao redor da entrada de carros ou do jardim. Cole CDs em pequenas estacas e finque na terra ao longo do caminho.
- *Porta-velas:* as velas brilharão e terão um excelente suporte se colocadas sobre o lado brilhante do CD.
- *Porta-pratos:* retire as pétalas ou as folhas de flores de seda e cole ao redor do CD. Você terá um prático suporte para pratinhos de plástico em festas infantis.
- *Descanso para copos:* cubra um dos lados do CD com feltro e você terá descanso para copos.
- *Tigelas e porta-petiscos:* coloque os CDs no forno, em fogo baixo. Eles se tornarão maleáveis para serem moldados como tigelas e porta-petiscos. Cuidado para não se queimar.

Chaves

- *Sino dos ventos:* use cordões para pendurar chaves em diferentes alturas numa lata e fazer um sino dos ventos.
- *Cortina de boxe:* cole várias chaves ao longo da bainha da cortina do boxe para mantê-la sempre reta.
- *Móbile:* pinte chaves de cores brilhantes e faça um móbile. Ou pendure-as na cúpula de um abajur.

Cômoda: torne aquela velha cômoda numa útil e bonita mesa para computador. Retire as gavetas, mantendo somente a segunda, mas encaixe-a de cabeça para baixo, para improvisar o porta-teclado.

Computador

- *Peças diversas:* porta-copo, bijuterias, marcadores de livros, capas para CDs.
- *Porta-retratos:* cole os disquetes em cada lado, em cima e embaixo, numa caixinha de papelão quadrada. Cole uma foto em cada disquete e forme um cubo porta-retrato.

Copos descartáveis: faça um suporte para velas. É muito importante deixá-los firmes. Para isso, cubra-os com massinha de papel machê ou com tiras de jornal mergulhadas numa mistura de cola branca e água, em partes iguais. Depois de bem cobertos com as tiras de jornais, aguarde a secagem, lixe suavemente e pinte.

Copos e pratos: se você precisa urgentemente de um suporte de dois ou três andares para bolos ou docinhos de festa, pegue três taças grandes, vire-as de cabeça para baixo e, usando Durepóxi, cole-as em pratos para bolos ou bandejas redondas. Seu problema está resolvido e você pode desmanchar depois.

Criados-mudos com gavetas ou pequenos armários: faça uma escrivaninha com uma tábua de compensado ou outra madeira qualquer sobre dois criados-mudos iguais.

E

Embalagens de iogurte: são excelentes para crianças pequenas aprenderem a beber líquidos sozinhas. Os copos normais são muito grandes para elas. Aliás, nunca dê a crianças pequenas copos ou recipientes de vidro.

Embalagens de lenços umedecidos: utilize-as para armazenar os lenços umedecidos que você mesma pode fazer (veja no capítulo "Os segredos dos melhores *spas* do mundo"). Se ainda sobrar, use-as para guardar rolos de barbantes ou fitilhos. Fica mais fácil puxar as pontas pela abertura de cima.

F

Fichários velhos: se o miolo de metal em que ficam as garras estiver bom, retire da capa e parafuse na parede. Será excelente para pendurar utensílios de cozinha ou toalhas.

Folhas de alumínio: corte em pedacinhos minúsculos e use em trabalhos artesanais ou escolares que pedem *glitter*.

Fotografias: use fotos velhas, e com uma moldura reta, cola branca, cartolina grossa ou papel-cartão (não tão espesso) e papel *kraft*, faça um espelho ou porta-retratos circundado por um mosaico. Cole suas fotos na cartolina ou papel-cartão. Corte em pedacinhos com formatos irregulares ou, se preferir, em quadradinhos e depois na diagonal. Você terá em mãos as "pedrinhas", como no mosaico tradicional. Antes de começar, classifique as peças por cor ou grupos de modelos parecidos. Se preferir, desenhe antes o *layout* do mosaico. Cole na moldura.

G

Gaiolas: ficam lindas como suportes para velas. Experimente colocar cinco ou seis pequenas velas dentro, tendo o cuidado de mantê-las bem seguras. Se for expô-las ao ar livre, coloque as velas dentro de copos, pois não se apagarão facilmente e o resultado será o mesmo. Imagine como ficarão bonitas as gaiolas penduradas em árvores para uma festa no jardim.

Gavetas

- *Porta-trecos:* instale quatro rodinhas na gaveta e faça, se quiser, uma tampa com um pedaço de madeira. Você terá excelentes gavetões para guardar embaixo da cama.
- *Escrivaninha portátil:* coloque uma tampa feita com madeira bem leve e dobradiças numa gaveta pequena.
- *Mesinha de telefone:* se utilizar quatro pés de mesa velhos e parafusá-los numa pequena gaveta, terá uma perfeita mesinha de telefone com muito estilo.

Globos de luz

- *Vasos práticos e elegantes:* envolva-as com tela de galinheiro, o que dará maior originalidade ao seu vaso.
- *Aquário para flores:* pinte o globo de azul, da cor do mar, e cole figuras marinhas recortadas de papel de presente.

I

Interruptores: use folhas secas, prensadas por você mesma, para reciclar seus interruptores. Muitas pessoas fazem isso com pinturas, desenhos e até mesmo com massinha de *biscuit*. Não se esqueça de passar várias camadas de verniz incolor.

Isopor

- *Como pedrinhas:* pique-o e use nos vasos de plantas no lugar de pedra ou cascalho para drenagem da água. Se for pendurar os vasos, encha bem o fundo com isopor picado. Você usará menos terra e os vasos ficam bem mais leves.
- *Quadrinhos:* use as bandejas de isopor que embalam os alimentos nos supermercados, forrando-as com juta, papel de parede ou pintando. Você pode montar pequenos cenários com brinquedos ou peças feitas de *biscuit*.

J

Jornais velhos: use-os para limpar vidros e cristais, amassando-os bem e umedecendo-os com um pouco de álcool. Faça também cestas e caixas. Muitas revistas ensinam como fazê-las.

L

Lâmpadas queimadas: pintadas de branco e com pequenos detalhes, lâmpadas queimadas fazem interessantes enfeites de Natal.

Latinhas de balas: faça um porta-retratos pequeno, delicado, mas muito interessante e barato de se fazer. É só caprichar nos detalhes.

Latinhas de refrigerante

- *Para pendurar quadros:* use os lacres para pendurar quadros. Basta pregá-los atrás da moldura.
- *Porta-velas:* tire o rótulo com uma lixa, esfregando suavemente. Retire a tampa com um abridor de latas. Comece a recortar em volta da borda da latinha. O que você está fazendo é um copo porta-velas de alumínio, usando a latinha, com a borda toda ondulada de recortes. Você pode desenhar o modelo num papel de seda e passar para a latinha com carbono. Corte a lata com uma boa tesoura. Use um prego para fazer furos, se quiser pendurá-la, e agulhas grossas para os furos do desenho das bordas.

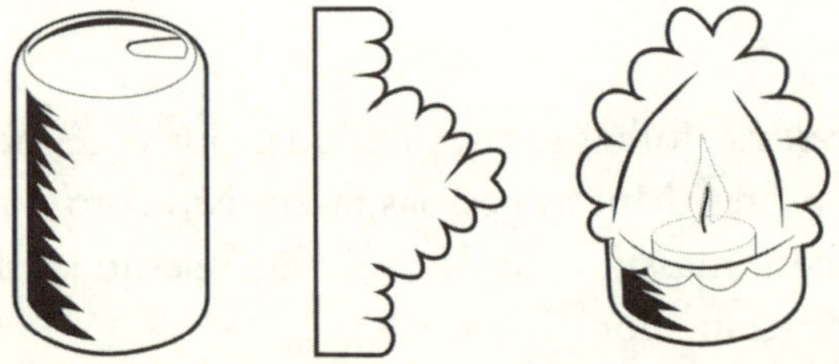

Lentes de óculos: você pode usar sua criatividade e pintá-las com tinta de artesanato para vidros. Depois, cole alfinetes próprios para fazer bijuterias e ganhe um broche muito original.

M

Mala velha: use-a para colocar flores. É um lugar criativo para exibi-las, não é mesmo?

Mesa: a velha mesa se torna um excelente móvel para a lavanderia. Retire o tampo. Faça uma estrutura simples, usando ripas de madeira, e acomode dois grandes sacos de algodão. Instale dobradiças, reinstale o tampo e você terá os sacos para roupas sujas e limpas; em cima, um local para passar roupa ou uma mesa auxiliar na lavanderia.

Moldura: aproveite aquele canto vazio em sua casa e faça um armário, usando uma velha moldura. Corte três tábuas em formato de triângulo, na medida certa para encaixar no canto. Uma será o topo, a outra, o meio e a última, a base da prateleira. Instale dobradiças na moldura e parafuse nas prateleiras. Forre a porta com tela de galinheiro, para ter um armário estilo *country*.

Mouse pads *velhos*

- *No banheiro:* use para recobrir os pisos gastos da sua balança do banheiro, no local onde coloca os pés. Você pode cortá-los ao meio, dar o formato adequado e pintá-los.
- *Carimbos decorativos para estampar tecidos ou papéis:* desenhe o formato desejado ou utilize cortadores de biscoitos para marcar; recorte com estilete ou tesoura. Depois cole seu carimbo de borracha num pedaço de madeira um pouco maior do que ele.

P

Papel reciclado: use papel bem picado. Você vai precisar de liquidificador, cola branca, água, corante alimentício, uma velha meia-calça fina, um cabide de arame, feltro, pedaços de tecido de algodão e alicate.

Deixe o papel de molho em água durante a noite. Depois, faça sua própria moldura, e isso é muito fácil. Com o alicate, dê o formato de um quadro no arame do cabide (pode ser do tamanho de uma folha de papel sulfite). Vista a meia calça no quadrado. Deixe bem reta e esticada. Dessa forma, você vai obter uma peneira perfeita.

Prepare o local em que o papel vai secar. Coloque um pedaço de feltro e cubra com um pedaço de tecido de algodão. Deixe vários preparados, para fazer várias camadas. Em segundo lugar, prepare a polpa.

Coloque no liquidificador um punhado do papel que ficou de molho, um pouco de água e comece a bater. Vá devagar e aos poucos. Quando o papel ficar bem triturado e a mistura cremosa, adicione mais papel e mais água até encher o liquidificador.

Nesta hora, você pode adicionar corante alimentício para fazer papel colorido e essência para torná-lo perfumado. Só depois que parar de bater, adicione ervas desidratadas ou cascas de cebola.

Deixe pronto um recipiente grande com água em que sua peneira caiba perfeitamente e onde possa ser mergulhada com folga (a proporção é de vinte partes de água para uma parte de polpa).

Nesse recipiente com água, adicione duas colheres de sopa de cola branca e mexa bem. Se for utilizá-lo como papel de carta recomenda-se, em vez da cola branca, usar um pacote de gelatina sem sabor dissolvida em água quente, misturando neste momento à água, pois a gelatina deixará o papel menos poroso.

Adicione a polpa de papel e vá misturando bem com as mãos. Mergulhe a peneira até o fundo e depois levante suavemente para a água escorrer. Conte até 20, bem devagar. Quanto mais fina a camada, mais fino será o papel.

Para retirar melhor a água, pressione uma esponja gentilmente. Quando ela encharcar, esprema fora, e pressione novamente.

Vire a peneira sobre o pano de algodão. Cubra com outro pano de algodão e passe por cima um rolo de macarrão, para retirar mais água.

Faça quantas camadas quiser. Por último, coloque outro pedaço de feltro e pesos em cima, como listas telefônicas, deixando por uma noite.

Pela manhã, retire o feltro e vá pegando os panos pelas pontas, juntos, como um sanduíche, ou seja, pano, papel, pano e pendure no varal.

Deixe secar completamente e está pronto o seu personalizado papel reciclado.

Você também pode fazer só com jornal. O que acontece é que a cor do papel será sempre cinza, por causa da tinta da impressão. Mas é lindo também para álbuns, cartões.

Portas avulsas: embeleze o *hall* de entrada de sua casa. Cole um espelho no meio, na parte de cima. Faça uma prateleira logo abaixo para vasos e enfeites. Faça um porta-guarda-chuvas embaixo. Pinte e decore com muita personalidade.

Portas de armário de cozinha: cole ou parafuse duas saboneteiras, também de madeira, na porta do armário. Embaixo, instale duas ou três velhas torneiras. Pinte-as com cores alegres. É um excelente local para pendurar guarda-chuvas e usar como porta-cartas.

Pratos de alumínio: cole bolinhas de gude e, comprando uma máquina simples de relógio, você terá um relógio de parede muito exclusivo.

R

Raladores de queijo: use como suporte para velas, dando uma iluminação incrível para o seu jardim.

Rodas de automóveis: faça um banquinho ou mesa lateral. Pode ser um banquinho, se você fizer a almofada, mas também pode ser uma mesa lateral, se colocar um vidro redondo em cima. O segredo está na perfeita colagem das duas rodas, utilizando cola especial para metais ou parafusando.

S

Sacolas plásticas de supermercado: use-as como saco de lixo em casa e no carro. Use para recolher as sujeiras do seu cachorro quando for passear com ele.

Sacos de batatas ou de cebolas de plástico: aproveite essas redes de plástico para manter juntos itens pequenos na lavadora de louça ou de roupa.

Sacos plásticos de cereais: use os sacos plásticos que vêm dentro das caixas de cereais como sacos de congelamento ou papel encerado.

T

Tampas de latas abre-fácil: se você colar uma foto, em volta da foto um cordão dourado e um babadinho de renda, terá lindos enfeites vitorianos para sua árvore de Natal.

Tapetes de borracha de automóveis: forre a casinha ou caixa de transporte do seu animal. Coloque debaixo da tigela de água do seu bichinho para que não escorregue e derrame.

Tecido aluminizado de tábua de passar: se a cobertura aluminizada de sua tábua de passar roupa está rasgada, tente aproveitar pedaços para fazer uma excelente luva de cozinha. Se acolchoar bem, vai ver que não deixa passar o calor e queimar suas mãos.

Toalhinhas de crochê: faça lindos sachês com toalhinhas de crochê. Conheço pessoas que têm tantas, que não sabem o que fazer com elas.

Torneiras velhas: cole ou parafuse velhas torneiras em uma tábua, pinte. É uma estante original para pendurar bonés no quarto do seu filho ou panos de prato na cozinha.

Varal: transforme um velho varal num local supermoderno para pendurar suas panelas. Leve-o para a cozinha e pendure sobre o fogão.

Vidros de conservas: faça um globo de neve mimoso e delicado. Siga as instruções abaixo.

Pegue um vidro com tampa grande, miniaturas de brinquedos ou enfeites, *glitter* prateado, fitas, rendas, pérolas, cola quente, glicerina líquida, água destilada e álcool (para esterelizar).

Lave o vidro e a tampa, e esterilize, mergulhando em água fervendo. Se a tampa for de plástico, esterilize apenas jogando a água fervendo e depois álcool. Não deixe de esterilizar também os enfeites. Cole o enfeite no centro, no lado de dentro da tampa. Com vários enfeites você pode criar um cenário.

Deixe secar por 24 horas. Coloque o *glitter* num pouco de água destilada e deixe por 1 hora. Isso ajuda a eliminar quaisquer pelotas que possam ser formadas. Se aparecerem, retire-as. Encha o vidro até a boca com água destilada, deixando inclusive derramar um pouco da água para eliminar bolhas. Junte a água com o *glitter* e adicione uma gota de glicerina líquida para cada duas xícaras de água.

Não adicione muita glicerina, pois o *glitter* pode não funcionar. A glicerina ajuda o *glitter* a cair como um chuveiro. Com delicadeza, feche com a tampa, evitando mexer muito a água e fechando o vidro firmemente. É claro que algum líquido será derramado. Usando cola quente, enfeite a tampa.

É realmente um lindo enfeite ou presente, não é mesmo?

Decore você mesma

"Eu não tenho o menor jeito para decoração e artesanato." Essa pode ser uma frase comum para você, mas eu posso afirmar que se interessar pelo assunto já é meio caminho andado.

Você perceberá que a criatividade vai brotando, idéias vão surgindo e, quando menos esperar, fará coisas maravilhosas, criando novos ambientes, reciclando, arrumando de um jeito diferente, fazendo suas próprias cortinas (quem, eu???) e, claro, surpreendendo a sua família e a você mesma.

Muitas de nós precisam fazer verdadeiros malabarismos para esticar o orçamento. E uma das coisas que podemos fazer, e ainda economizar, quando insatisfeitas com a decoração, com os nossos móveis, é mudá-los... mas de lugar! Isso vai exigir planejamento, músculos e muita paciência (o marido e os filhos podem até reclamar), mas eu garanto que vale a pena.

Quando mudamos os móveis e os acessórios de lugar, tudo pode ficar bem diferente, parecendo novo. Olhamos para objetos e detalhes que nem percebíamos mais e encontramos novos lugares e funções para eles. Essas mudanças nos fazem muito bem.

Mesmo que você não queira mudar nada, se tiver carpete em casa, mude os móveis de lugar e o caminho por onde pisa a cada seis meses. Isso faz o carpete durar mais e não se deformar.

Use a imaginação para que a sua casa seja única e transmita o que você e as pessoas que moram ali são. Nada é pior do que estar numa sala tão impessoal que parece uma vitrine luxuosa ou sala de espera de hospital. Rodeie-se com as coisas que você ama. Objetos que têm valor sentimental valem mais do que qualquer objeto de arte caríssimo. Qualquer coisa pode virar um quadro com uma bela moldura. Exiba os trabalhos artísticos dos seus filhos. Faça uma coleção de pedras, conchas e outras coisas que podem ser encontradas em viagens e que trazem sempre ótimas recordações.

Mas, principalmente, seja prática. Sempre. Mesmo que deixe a decoração de sua sala para um profissional. Sabe que vários deles a primeira coisa que fazem é remover a TV da sala? É isso o que você quer? Ou então você terá de virar a cabeça uns 90 graus para poder assistir a ela. Lembre-se: sua casa tem de ser confortável para você e sua família.

Antes de começar uma reforma ou mudança, prepare-se, planeje cada etapa, tenha em mente aonde quer chegar. Tenha estes cuidados:

Faça um caderno de recortes e colagens

Para planejar bem a decoração da sua casa ou reforma, comece a fazer um caderno de recortes e colagens — também chamado *scrapbooking* — com idéias de decoração.

Monte os ambientes, colando recortes de revistas de decoração, pedaços de tecidos e de papéis de parede, fotos de texturas que gostaria de utilizar, estilos, temas e paleta de cores. Componha no papel cada ambiente nas cores e tons que gostaria de utilizar para ver a combinação. Você vai se divertir muito e errar pouco.

Tenha um orçamento

Faça um orçamento antes de começar seu projeto. Se o dinheiro for pouco, decore um cômodo por vez.

Comece pelos itens maiores

Compre primeiro os itens maiores, que definem o ambiente, como tapetes, mobília. Os acessórios podem ser adicionados depois.

Pinte o teto

Faça do teto a quinta parede da sala. Paredes podem ser de uma cor ou padrão e o teto, de outra. Teto branco é mania. Pode pintar, sim! Sempre que vejo um teto pintado de branco, tenho a impressão de que alguém não terminou o trabalho...

Use marcadores para testar a nova disposição dos móveis

Se for mudar os móveis de lugar ou de ambiente, retire tudo da sala e marque no chão com fita adesiva os lugares em que você deseja que eles fiquem — após medi-los, é claro. Com isso, você não ficará surpresa ao descobrir que aquela mesinha de mármore que pesa 38 quilos não cabe no lugar planejado.

Evite as armadilhas

Para não ter problemas com o resultado de seu trabalho, nem gastar mais ou mal, tome cuidado para não cair nestas armadilhas:

- *Aderir a manias passageiras.* Cuidado com as manias passageiras de estilo e decoração. Se você estiver na fase azul, como Picasso, ou zen, como um monge budista, cuidado para não refletir isso em toda a sua casa. Você logo se cansará dela.
- *Combinar tudo.* Não combine tudo — das paredes às louças. Seja eclética. Junte cores e texturas diferentes para obter efeitos interessantes.
- *Comprar por comprar.* Não compre objetos apenas porque são uma pechincha. Faça de sua mobília um investimento para valorizar sua casa.
- *Colocar papel de parede em tudo.* Vá com calma. Conheço gente que ficou doente depois de tanto olhar para um padrão de papel colocado na casa toda. Na loja parecia lindo, mas, depois de dois meses, ficou tão enjoativo quanto comer dois quilos de chocolate de uma só vez.
- *Entulhar os ambientes.* Não precisa preencher cada polegada de espaço. Deixe sua casa respirar.
- *Variar nas texturas.* Não use texturas diferentes no mesmo ambiente. Fique no máximo com duas, pois cansam os olhos e tornam o ambiente confuso.
- *Imitar sem avaliar.* Esteja certa de criar ambientes que reflitam sua personalidade e estilo de vida, bem como o de sua família. Não tente imitar algo que adorou na casa de outra pessoa, numa vitrine ou revista.
- *Usar objeto de gosto duvidoso.* Fuja de qualquer peça remotamente grosseira ou sugestiva, como cinzeiros com forma de banheiro ou objetos com formato de mulher.

55 idéias diferentes para a sua casa

Para toda a casa

1. Quando comprar móveis, procure aqueles que podem ser usados em vários ambientes. Você poderá mudá-los de lugar e ter uma nova decoração sempre. Use tons neutros nos itens mais caros.

2. Comece colocando as peças maiores, distribuindo-as uniformemente. Cuidado para não colocar tudo grande de um lado só. A sala deve ficar equilibrada. Se você tem apenas um item grande, coloque-o e depois comece a dispor os menores.
3. Ao colocar os móveis nos lugares, pense sempre no tráfego. Você não vai querer ter gente passando na frente da TV quando estiver vendo os minutos finais de um filme.
4. Não tenha medo de colocar objetos na diagonal ou em ângulo reto em relação à parede. Uma simples prateleira atrás de um sofá afastado da parede, na altura do encosto, deixa sua sala muito charmosa. Enfeite com vasos, livros ou utilize para exibir sua coleção.
5. Pense antes nos tipos de objeto que usará, onde os colocará, no tipo de combinação que irá fazer. Tome cuidado com a altura e tamanho das peças. Não disponha os objetos como pico de montanha ou escadinha. Prefira projetar uma linha curva, sinuosa, que é mais agradável e torna mais fácil adicionar novos itens. Veja se há objetos suficientes para preencher o espaço ou se há excesso. Decida se a iluminação será direta ou indireta.
6. Confie no seu olhar, gosto e intuição. Você é quem vai conviver com as coleções e os objetos, e precisa gostar da decoração. Busque a harmonia. Observe a composição de ângulos e distâncias diferentes. Eles devem ter um excelente visual de qualquer lugar do ambiente.
7. Algumas lojas permitem que você leve para casa itens caros de decoração e fique com eles por alguns dias, para ter realmente certeza de que combinam ou cabem no lugar planejado. Aproveite e tente dispô-los de várias formas até decidir-se.
8. Aproveite liquidações de sobras de papel de parede e *borders*. Eles podem fazer diferença num ambiente. Use-os no teto, na cozinha, no quarto das crianças, em volta de um espelho sem graça do lavabo, no *hall* de entrada. Já pensou em fazer um *border* de mosaico?
9. Você deve estar se perguntando por que não falei em colocar o *border* como todo mundo faz: um pouco abaixo do meio da parede. A menos que você more num imóvel antigo, em que o teto é bem alto, um *border* irá dividir a parede, fazendo-a parecer menor e o teto ainda mais baixo.
10. Se, mesmo assim, você quiser usar um *border*, evite cores contrastantes na parede. Combine tons suaves.

11. Espelhos fazem um ambiente parecer maior. Se você não tiver uma janela grande ou se a sua parede for muito longa e sem graça, que tal fazer uma janela falsa com espelhos? Cole ripas finas de madeira em quadrados sobre um grande espelho, pinte e você terá uma janela. Outra opção é utilizar uma velha janela de quadros, trocando os vidros por espelhos. Experimente colocar um vaso com folhagens grandes na frente para refletir.
12. Quando caminhar em parques ou na rua, pegue flores, folhas e galhos caídos das árvores. Você pode secá-los no microondas, por 3 minutos, sobre um papel-toalha, em potência alta. Deixe esfriar. Coloque mais 3 minutos e depois de frios coloque-os dentro de livros ou lista telefônica. Logo você terá uma linda coleção de folhas e flores para usar na decoração da sua casa, fazer quadros, capas de agendas.

Para a sala de estar

13. Crie um centro de interesse na sala. É ao redor desse local de interesse que o restante vai ficar. Pode ser uma janela com uma linda vista, um quadro maravilhoso ou uma lareira.
14. Guardanapos antigos ou lenços de linho em boas condições, bordados ou pintados, fazem quadros interessantes, especialmente se foram feitos por alguém da família. Cole-o num pedaço de compensado, coloque uma borda, uma moldura e pendure-o na parede.
15. Com fitas e um varão, faça um arranjo muito original para pendurar seus quadros.
16. Compre porta-retratos em lojas de R$1,99 e transforme-os em quadrinhos para conchinhas, topiárias, frutinhas de *biscuit*, folhas secas e o que mais você inventar. Para decorar as bordas, pinte, faça *découpage*, forre com papel machê, massinha de *biscuit*. Dê o seu toque pessoal. Essa é a diversão.
17. Se não tiver um quadro caro para colocar na parede, que tal pegar velhas fotos da família, em preto-e-branco, e colocá-las em molduras feitas e pintadas por você? Pendure e emoldure o que quiser: o primeiro par de sapatinhos de seu filho, as conchinhas que sua filha pegou nas últimas férias, um pedaço de uma linda colcha feita por sua avó. Tenho uma amiga que emoldurou o primeiro vestidinho de bailarina da filha. O importante é escolher a moldura certa.

18. Um corredor em casa pode ser sem graça. Dê uma folha de papel branco, sulfite ou *canson*, a amigos e parentes e peça para que cada um desenhe, pinte, cole, escreva um poema, borde, faça o que quiser. É importante que eles assinem e coloquem a data. Emoldure e terá a sua própria galeria de arte.
19. Faça da sua parede um quadro. Marque um retângulo grande, centralizado na parede, com fita adesiva de baixa densidade, para não estragar a pintura. Pinte dentro desse retângulo com uma cor que contraste com o restante da parede ou até com a mesma cor, mais clara ou um pouco mais escura. Depois tire a fita adesiva. Use técnicas de texturização, como a pintura dégradé, manchada, trapeada, esponjada ou marmorizada. Se quiser, pendure molduras vazias dentro desse retângulo, ou então compre molduras de poliestireno, que você mesma pode cortar e colar em volta do retângulo.
20. Se ficar muito insegura sobre onde colocar um quadro, corte um pedaço de papel no mesmo tamanho e cole no lugar, antes de furar a parede. Deixe passar uns dias para ter realmente certeza de que é ali o melhor lugar.
21. Pinte dois ou três retângulos brancos e apenas uma linda flor solitária em cada um, como copo de leite, lírio ou o que quiser.
22. Faça uma mudança dramática na decoração da sua sala ou quarto: pinte uma parede com uma cor forte. Lembre: é apenas tinta. Já viu como as jóias são exibidas nas lojas? Ficam sobre tecidos finos de cores intensas. Sabe por quê? Porque se destacam, brilham. Seus quadros e enfeites vão parecer jóias numa parede pintada. O importante é não exagerar. Pinte apenas uma parede, para não cansar.
23. Se a sua mesa tiver um tampo de vidro sobre a madeira, coloque folhas secas, grandes e de diferentes formatos sobre ela e recoloque o vidro. Você pode sempre mudar o tipo de coisas exibidas e ter uma nova mesa.
24. Com uma grande bandeja de madeira sobre um cavalete, pode-se fazer uma mesinha muito diferente. Encha a bandeja com areia, faça sulcos, formando desenhos na areia, com um palito de madeira ou um ancinho de jardim, dispondo pedras e cobrindo com um vidro. O vidro deve ficar grudado na areia, sem espaço para movimentos, para que o trabalho não se desmanche.

25. Quantas vezes a cúpula do abajur fica tão feia que dá vontade de jogar fora, não é mesmo? Pois aqui está uma idéia: faça uma saia para a cúpula. Pode adaptar para o quarto de uma menina, um menino ou até mesmo para o seu.

26. Não devemos nos esquecer dos tapetes. Se você está enjoada do seu, olhe-o por baixo e veja se ele é forrado de juta ou de outro material que possa ser pintado com tinta para tecido. Use estêncil, faça desenhos geométricos com fita adesiva. Pinte com pincel ou prepare tinta para tingir tecidos em várias cores e use um borrifador. Proteja os locais que não quer pintar com toalhas velhas. Isso também vale para carpetes. Recorte-os em pedaços, pinte-os e transforme-os em tapetes para quarto, cozinha ou em tapeçaria para a sala.

27. Valorize as coleções da família. Uma dica importante é agrupar os itens. Não espalhe a coleção pela sala ou pela casa, pois vai empobrecê-la.

28. Lençóis grandes, com babados, fazem elegantes rolos para recostar na cama. Se não quiser comprar a espuma, enrole um velho cobertor e, por cima, o lençol. É uma forma muito inteligente de aproveitar o que tem.

29. Quando agrupar objetos, quadros ou flores, faça-o em número ímpar. Ficam mais harmoniosos. Mas não jogue fora os dois pratos de porcelana inglesa que sobraram. Nesse caso, a disposição deve ser em grade e não em linha reta, parecendo um trenzinho. Se tiver pouco espaço, utilize um destes princípios de agrupamento: grade, objetos grandes atrás, médios na frente e pequenos ao redor. O importante é que tudo fique gracioso.

30. Instale uma prateleira em cima da janela. Coloque garrafas de vidro coloridas, cestas de vime com arranjos de flores secas, coleções.

Para a sala de jantar

31. Use um candelabro bem grande em cima da sua mesa de jantar. Dê preferência àqueles antigos. Procure-os em lojas de móveis usados ou bazares. E acenda as velas num jantar especial.

32. Para um arranjo de mesa, use pedras pretas envernizadas, vendidas em lojas para animais e aquários ou floriculturas. Coloque-as aos pares, ao longo da mesa de jantar. Use um jogo americano se o tampo de sua mesa for bonito. É elegante e não custa caro. Outra idéia é forrar

as pedras com papel machê ou massinha de *biscuit*. Risque diversos quadrados em cada pedra e pinte cada um com uma cor vibrante. Vai parecer uma maravilhosa arte mexicana.

33. Pequenas molduras (dessas bem baratinhas) podem ser utilizadas sobre as mesas, num jantar com amigos, para identificar o lugar de cada convidado, cada um com sua própria foto. Bárbaro, não? Eu me sentiria muito lisonjeada!
34. Outra dica legal: faça capas para os encostos de suas cadeiras da sala de jantar com tecido de algodão cru. Pegue a foto de cada um dos seus queridos (incluindo a sua), escaneie e imprima num papel chamado *transfer*. Siga as instruções para passar cada foto para o tecido nas costas da capa de cada cadeira. Cada um terá o seu lugar bem marcado de forma muito original.

Para o quarto

35. Renove uma colcha sem graça — as de chenile são perfeitas para isso —, costurando diversos bolsos e colocando dentro pequenos bonecos de pano feitos por você. Fica lindo, original e demonstra muito carinho. Outra opção é costurar bolsos grandes ao lado, na barra da colcha, para seus filhos colocarem agendas, óculos, brinquedos etc. Se a colcha for de *jeans* vai ficar ainda mais bonita.
36. Se a sua cama não tiver cabeceira, você pode fazer uma bastante original, utilizando aquelas cercas de treliça que imitam madeira, mas são de plástico. É fácil encontrá-las em lojas de bricolagem na medida que quiser. Pinte com uma cor clara e decore-a com folhas de seda.
37. Crie uma cabeceira para a sua cama de forma muito original. Faça três molduras redondas, tipo coroa, utilizando cipós ou ráfia, e una-as com um arame bem fino. Depois pregue na parede com preguinhos invisíveis. É ideal para uma casa de campo.
38. Já reparou que panos de pratos podem perfeitamente ser aproveitados para cobrir almofadas ou travesseiros? É preciso ter olho clínico. Não use aqueles com motivos de cozinha. Já os listrados servem muito bem para esse fim.
39. Um aro de cesta de basquete pode fazer um dossel fantástico para a cama de menina ou adolescente.

Para o banheiro

40. Incline uma escada de madeira contra uma parede do banheiro e coloque toalhas sobre os degraus. Fica muito interessante e chama a atenção pela criatividade. Pode ser apenas uma parte dela. Faça uma pátina para combinar com a decoração do banheiro. Numa casa de campo com piscina, use-a para pendurar a toalha de banho de cada um.
41. Um toque nostálgico: no Brasil ainda existem aquelas tábuas que as mulheres usavam para esfregar roupa no rio. Se tiver sorte e achar uma, coloque-a atravessada na banheira para colocar sabonete, xampu, óleo de banho.
42. Forre um simples banquinho de madeira com bastante manta acrílica ou espuma para ficar bem fofo e, depois, cubra com tecido de toalha de banho ou até mesmo com uma toalha de banho que você já tenha. Seu banheiro vai ficar muito charmoso.

Para a cozinha

43. Pegue um vaso bem bonito, coloque-o sobre um balcão ou pia e guarde nele seus utensílios de cozinha: colheres de pau, escumadeiras, espátulas.
44. Quer colocar quadros na cozinha? Use molduras baratas. Cole frutas de plástico ou de isopor pintadas com cores vivas, ou então aquelas fantásticas miniaturas de embalagens de alimentos (caixinhas de leite, garrafinhas de refrigerante, um minifogão, macarrão gravatinha — pode pintar e envernizar...). E que tal bolachas envernizadas? Não se esqueça de forrar o fundo do quadro com juta.
45. Faça jogos americanos utilizando folhas, flores secas, papel-cartão e plástico adesivo transparente. Corte o papel-cartão no tamanho do jogo americano desejado. Posicione as folhas e flores de maneira graciosa ou formando desenhos ou temas. Cubra com o papel adesivo transparente e apare bem as bordas, ou decore-as com fita adesiva colorida.
46. Vasos de terracota podem se tornar utensílios decorativos na cozinha, não só para guardar o que quiser, mas também para servir o pão quentinho, forrados com uma toalhinha de linho bordada.

Para arranjos de mesa

47. Utilize uma jarra simples para fazer seus arranjos. Para que as flores fiquem do jeito que você quer, faça quadrados com fita adesiva transparente na boca da jarra. As flores vão se apoiar nos vãos da fita e ficarão uniformemente distribuídas.
48. Use vários copos altos, alinhados ao longo da mesa de jantar, bem no centro, com água colorida com corante alimentício. Coloque apenas uma flor branca dentro de cada um.
49. Use pedaços de espuma floral, bem encharcados, dentro da casca de uma abóbora e faça um lindo arranjo de mesa.
50. Renove uma velha mesa para a varanda ou piscina e ao mesmo tempo tenha um arranjo. Cole sobre ela frutas artificiais, compondo o arranjo. Coloque um vidro por cima, tendo como suporte quatro frutas, uma em cada canto, mas de madeira, que são fortes e suportam bem o peso do vidro.
51. Você já pensou que uma forma rápida de ter plantas em sua casa é plantando grama em vasos? Dá para criar arranjos incríveis.
52. Use chapéus para um arranjo de flores.
53. Ou use um conjunto de vasos de terracota forrados com cortiça. Use vasos retos. Desenhe antes formas simples (quadrados, retângulos, círculos) num pedaço de cortiça que dê para recobrir o vaso. Corte cuidadosamente em volta das linhas das formas com um estilete e retire-as. Você terá um pedaço de cortiça vazado em vários locais. Cole-o no vaso. Dentro dos recortes vazios, coloque bastante cola quente e jogue grãos secos diferentes, como feijão-preto, ervilha, milho, bem coloridos. Você verá que arranjo interessante.
54. Para um arranjo divertido na mesa da varanda use a bola de futebol (furada é claro!) que seu filho ou marido não usa mais. Corte uma tampa no topo da bola. Coloque espuma floral dentro e suas flores preferidas.
55. Você não precisa de centros de mesa caros. Com algumas bolas de isopor, papel de seda e uma mistura de cola branca e água, você faz lindas bolas para colocar num prato ou tigela. Corte tiras de papel de seda, mergulhe na mistura de cola e água e vá colando em volta das bolas até cobri-las e ficar uniforme. A textura é interessante e o arranjo,

original. Pinte com cores que combinem com a decoração da sua sala. Não se esqueça de envernizar para finalizar.

56. Ainda com bolas de isopor, coloque tachinhas douradas ou prateadas nelas, até ficarem completamente cobertas. Ou enrole cordas finas ou barbantes de forma desordenada até ficarem completamente cobertas. Cole a última ponta com cola quente, deixando-a bem escondidinha. Outra opção: cole selos ou fuxicos.

Artesanato e bricolagem

Aromatizantes de ambientes

Frutas e ervas

- 50 ml de vodca
- 5 ml de essência de eucalipto
- 10 ml de essência de limão
- 10 ml de essência de hortelã

Misture tudo e deixe por um dia no congelador. Retire e deixe um dia em temperatura ambiente. Faça esse processo por uma semana. Como fica bem concentrado, pode-se ainda adicionar 25 ml de água. Coloque num recipiente *spray* e renove o ar de sua casa.

Pomander

Palavra inglesa, que significa recipiente de perfume ou distribuidor de perfume. Na era vitoriana, esse preparo foi muito utilizado pela realeza para eliminar maus odores e perfumar as casas. É aromatizante e repelente natural.

Pomander *de maçã*

- Suco de 10 limões
- 2 colheres de chá de sal
- 8 maçãs grandes bem firmes
- 8 colheres de chá de canela em pó
- 2 colheres de chá de especiarias: anis-estrelado, noz-moscada em pó
- 10 colheres de chá de cravo-da-índia em pó
- Arame e fita

Coloque o suco dos limões numa tigela grande e misture com o sal. Agite bem. Em outra tigela, misture as especiarias.

Descasque as maçãs, retire os caroços e corte-as em fatias grossas. Mergulhe-as no suco de limão, encharcando-as bem. Coloque-as sobre papel-toalha.

Passe cada fatia de maçã nas especiarias. Tenha a certeza de que estejam totalmente cobertas pelas especiarias. Disponha em camada única numa forma, sem sobrepor umas às outras. Asse por 6 horas ou até ficarem completamente secas, mas flexíveis. Controle a temperatura, pois costuma variar conforme o forno.

Depois de frias, dobre-as em 2 ou 4 partes, se for possível, e vá enfiando uma a uma no arame. Dê ao arame a forma desejada, que pode ser um círculo ou coração. Dê um laço com a fita, aproveitando-a para fazer um gancho. Pendure seu *pomander* num local especial e o perfume encherá o ar.

Pomander *de laranja*

- 1 laranja firme e bonita
- 20 a 25 g de cravos-da-índia bem grandes
- 10 gotas de óleo de sândalo (conservante natural)
- Mistura feita com 1 colher de sopa das seguintes especiarias: canela, noz-moscada e cravo em pó
- Saco de papel pardo ou saco de padaria
- 1 arame forte o suficiente para atravessar a laranja

Misture as especiarias com o óleo de sândalo e coloque dentro do saco de papel pardo. Com a caneta, faça traços na laranja, dividindo-a em 4 partes. Pegue o arame e atravesse a laranja, na vertical. Com o alicate, dobre o arame por debaixo da laranja e puxe firmemente para que o arame seja fincado e firmado. Na outra ponta, dobre-o formando um gancho.

Com uma agulha bem grossa vá furando a laranja, seguindo os traços da caneta e espetando um cravo em cada furo. Ao terminar você verá que a laranja ficou com um lindo desenho.

Passe a laranja na mistura do óleo de sândalo e especiarias por várias vezes. Tenha a certeza de ter impregnado muito bem a laranja. Coloque o restante das especiarias no saco de papel.

Pendure o saco com a laranja num local fresco e seco. Diariamente passe a laranja nas especiarias que estão no saco. Se perceber qualquer sinal de mofo, descarte a laranja.

Após cinco ou seis semanas, você terá a laranja seca e pronta para ser pendurada no ambiente da casa que você quiser perfumar ou usá-la como decoração, numa bandeja sobre a mesa.

Pot-pourri

Pot-pourri é a mistura de frutas, pétalas de flores, folhas, pedaços de madeira que são usados juntos para perfumar e decorar um ambiente. Você verá a seguir que podem ser feitos de várias maneiras.

Chá perfumado de especiarias

Este *pot-pourri* deixará sua casa com um cheirinho gostoso e convidativo. Você pode fazê-lo e usar várias vezes, pois basta fervê-lo para que o cheirinho se espalhe. Dá para usar umas três ou quatro vezes.

- 1 laranja cortada em 4 partes
- 1 limão cortado em 4 partes
- ¼ de xícara de cravos-da-índia
- 2 ou 3 paus de canela
- Cascas de maçã

Coloque os ingredientes numa panela. Cubra com água. Deixe ferver lentamente e um aroma delicioso tomará conta da sua cozinha e da sua casa.

Móbile de canela

- 180 g de canela em pó
- 180 g de noz-moscada
- Suco puro de maçã
- Papel-manteiga ou papel parafinado

Misture a canela e a noz-moscada. Adicione o suco de maçã até ficar com consistência de massa de pão. Coloque entre duas folhas de papel-manteiga ou papel parafinado e, com um rolo de macarrão, amasse, deixando com uma espessura de uns 2 cm. Use forminhas de biscoito para cortar. Deixe secar. Quando começar a ficar firme, faça um furo em cada um. Pendure alguns com uma fita e você terá um perfume delicioso no ar.

Gel

- 2 xícaras de água destilada
- 4 pacotinhos de gelatina em pó sem sabor
- 1 colher de sopa de sal ou 1 colher de café de vodca (para evitar mofo)
- 50 gotas da essência desejada
- Corante alimentício na cor desejada

Separe a água em duas xícaras. Leve a primeira ao fogo; quando ferver, retire-a do fogo e derrame sobre a gelatina em pó. Mexa vigorosamente. Adicione a outra xícara de água fria ou gelada. Junte o sal ou a vodca, a essência e o corante até atingir a cor desejada.

Coloque em vidros de comidas para bebês ou em pequenas taças decorativas. Cubra com papel-filme e leve à geladeira para ficar firme. Retire da geladeira e espalhe pela casa (tire antes o papel-filme). O aroma no ar é maravilhoso e você escolhe a essência de acordo com o ambiente e com o seu gosto.

Se quiser enfeitar ainda mais, antes de colocar a gelatina na geladeira, acrescente algumas pedrinhas de aquário, ou então faça em camadas, cada uma com uma cor diferente de gelatina.

Pedrinhas

- 1 xícara de farinha de trigo
- 1 xícara de sal
- 1 colher de chá da essência desejada
- 1 xícara de água fervendo (aproximadamente)
- Corante alimentício na cor desejada

Misture os ingredientes secos. Adicione a essência, a água fervendo e o corante alimentício. Mexa bem até formar uma massa.

Com pequenos pedaços de massa, faça bolinhas ou pedrinhas. Deixe secar sobre papel-manteiga.

Sugestões

Faça pedrinhas ou bolinhas de cores diferentes e coloque numa taça bem bonita. Coloque várias pedrinhas em suas gavetas para perfumar as roupas.

Junte à massa flores secas de alfazema (lavanda) para dar uma textura interessante. Nesse caso, use corante alimentício azul ou lilás bem claro e essência de alfazema.

Junte um pouco de purpurina dourada ou prateada à massa e faça pedrinhas perfumadas e brilhantes para ocasiões especiais, como o Natal.

Faça sachês para presentear ou dar como lembrancinhas, colocando várias pedrinhas num saquinho de tule, organza ou renda. Amarre com fitinhas de cetim de cores diferentes e dê um lindo laço.

Areia colorida e perfumada

- 100 g de areia (escolha as cores que quiser em casas de produtos para aquários)

- 5 ml de álcool de cereais
- 25 ml de essência no aroma desejado
- 10 gotas de ácido cítrico
- 2 ml de fixador

A cada montinho de areia colorida de 100 g, junte os demais ingredientes e misture bem. Decore pequenas tigelas de vidro com as diversas cores de areia. Tem um efeito lindo. Você também pode comprar frutas de isopor, passar cola branca e depois no *pot-pourri* até cobri-las completamente. Use areia da cor correspondente a cada fruta.

Observação: o ácido cítrico é um conservante, e o fixador serve para manter o perfume.

Biscuí

Imagino que muita gente saiba fazer a receita maravilhosa de biscuí ou porcelana fria criada por Ana Modugno, contudo nunca é demais repetir:

- 2 xícaras de maisena
- 2 xícaras de cola branca rótulo azul
- 1 colher de sopa de suco de limão
- 2 colheres de sopa de vaselina líquida (se não tiver, use óleo de cozinha)
- 1 colher de sopa de creme não gorduroso para as mãos

Numa panela antiaderente, coloque a maisena, a cola, o suco de limão e a vaselina. Misture muito bem. Leve ao fogo, mexendo com uma colher de pau. Cozinhe até que a massa se desprenda da panela. Retire. Unte uma superfície como mármore com o creme para as mãos e despeje a massa. Amasse como pão. Ela deve ficar fofa e macia. Guarde num saquinho plástico hermeticamente fechado, sem ar, para que não endureça.

Minha sugestão é tingir a massa sempre antes de modelar. Faça diversas bolas com as cores desejadas, tingindo com tinta a óleo, dessas de bisnaga, usadas para pintar quadros.

Um desabafo: não consigo fazer biscuí no microondas. Comigo não dá certo!

Colas

Cola extraforte para papel machê americano

- ½ xícara de farinha branca
- ¼ de xícara de cola em pó de resina

- ½ xícara de água morna
- 1 ½ xícara de água quente
- 4 gotas de óleo de canela (conservante)

Misture a farinha com a cola de resina numa panela. Adicione a água morna e misture até obter uma pasta. Adicione água bem quente, mexendo vigorosamente para não empelotar. Cozinhe a mistura em fogo baixo, mexendo sempre, até ficar grossa e clara. Junte o óleo de canela. Guarde em vidro hermeticamente fechado. Se você adicionar óleo de canela, poderá guardar a cola por vários dias.

Molha e cola

Receita 1

- 2 colheres de sopa de cola branca
- 2 colheres de sopa de vinagre branco
- Gotas de essência alimentícia de menta ou baunilha

Misture bem todos os ingredientes. Use um pincel para passar a cola nas abas dos envelopes e nas etiquetas feitas em casa. Deixe secar. Quando for usar, é só lamber — ou molhar — e colar. Vidrinhos de esmalte vazios são ótimos para guardar esta cola, pois já vêm com pincel.

Receita 2

- 1 pacote de gelatina sem sabor
- 1 colher de chá de água fria
- 3 colheres de chá de água fervendo
- ½ colher de chá de xarope de milho branco (glucose)
- ½ colher de chá de essência alimentícia de limão
- ½ colher de chá de ácido cítrico (se for guardar, é bom ter um conservante)

Numa tigela, misture a gelatina com a água fria. Deixe de lado até hidratar bem. Junte a água fervida à gelatina hidratada até dissolver muito bem. Adicione o xarope de milho e a essência de limão. Mexa muito bem novamente.

Para usar, pincele a cola no verso dos rótulos e etiquetas feitos por você mesma. Podem ser figuras recortadas de folhas de papel de presente. Quando secar, basta lamber — ou molhar — e colar onde quiser.

Cola para selos, envelopes e etiquetas

- 6 colheres de sopa de vinagre branco
- 1 pacote de gelatina sem sabor de aproximadamente 30 gramas
- 1 colher de sopa de óleo de limão (conservante)

Coloque o vinagre para ferver. Retire do fogo. Dissolva completamente a gelatina no vinagre. Adicione o limão e continue mexendo até misturar muito bem. Passe uma fina camada nos papéis e deixe secar. Quando for colar, basta molhar onde aplicou a cola.

Cola à prova d'água

Receita 1

- 6 colheres de sopa de água
- 2 pacotes de gelatina sem sabor
- 2 colheres de sopa de vinagre branco
- 2 colheres de chá de glicerina líquida

Leve a água para ferver. Retire do fogo e misture à gelatina até que se dissolva. Adicione o vinagre e a glicerina e misture bem. Deixe a cola esfriar e coloque num vidro que feche hermeticamente. É mais fácil aplicá-la com um pincel, enquanto estiver morna. É excelente para colar couro com couro, tecidos com papelão e papel com papel. Esta cola pode se tornar um gel depois de alguns dias. Para usá-la novamente, basta colocá-la em banho-maria.

Receita 2

- 2 colheres de sopa de água fria
- 2 pacotes de gelatina sem sabor
- 3 colheres de sopa de leite desnatado
- Óleo de cravo (conservante)

Dissolva a gelatina na água fria. Leve o leite para ferver e então junte à gelatina. Se for guardar a cola, acrescente agora o óleo de cravo. Esta cola deve ser utilizada enquanto quente, passando-se uma fina camada nos objetos com um pincel. Ela pode se tornar um gel quando esfriar, então coloque em banho-maria para readquirir a consistência. É excelente para colar vidro com vidro, vidro com madeira e madeira com madeira.

Cola de goma-arábica (para porcelana)

Receita 1

- 3 colheres de sopa de goma-arábica
- 1 colher de sopa de glicerina
- ½ colher de chá de água

Misture a goma-arábica, a glicerina e a água. Guarde num saquinho plástico sem ar. Para utilizar, passe uma fina camada em cada superfície e depois una as peças, prendendo firmemente até a cola secar. Isso leva mais ou menos 1 hora. Deixe a peça sem utilizar por mais 24 horas.

Receita 2

Junte água à goma-arábica até dissolvê-la bem. Adicione gesso suficiente para produzir uma pasta firme. Se a peça for colorida, junte corante alimentício até obter a cor desejada. As duas receitas são excelentes para colar porcelana e louças.

Cola para papel de parede

- 1 ½ xícara de farinha de trigo
- ½ xícara de açúcar
- 1 colher de sopa de alúmen
- 1 xícara de água fria
- 2 xícaras de água fervendo

Misture a farinha com o açúcar. Adicione devagar a água fria e misture bem até desfazer qualquer grumo. Coloque a mistura numa panela em fogo médio. Adicione a água fervendo e mexa constantemente até que a mistura cozinhe. Quando endurecer, tire do fogo e adicione o alúmen. Guarde em saquinhos plásticos sem ar. Dura por várias semanas. Se enrijecer demais, amacie-a misturando um pouco de água morna.

Craquelê

Craquelê também é sinônimo de drama para você? Se soubesse quantos craquelês frustrados já colecionei... E como me senti miserável, a cada tentativa...

E vou te contar uma coisa: mesmo depois de muitas tentativas e estudos, de vez em quando ainda erro. Parece que tudo influi, o clima, a forma de pegar o pincel, o tempo de secagem entre uma camada e outra. É um acabamento maravilhoso, mas que envolve muitas tentativas e erros.

Minha proposta é simplificar. Dar receitas simples para facilitar sua vida, sem precisar comprar material especial para isso. Aqui estão duas receitas de efeito craquelado que funcionam.

Craquelê para superfície de madeira

- Tinta látex branca, à base de água
- 2 tintas à base de água (látex) nas cores desejadas (uma será a base, vista através das rachaduras, e a outra, a camada de cima)
- Cola branca rótulo azul
- Água
- Pincel de espuma
- Secador de cabelos
- Lixa finíssima

Prepare a superfície, lixando bem a peça e passando uma camada de selador, que pode ser tinta látex branca à base de água, diluída em 30% a 40% de água. Deixe secar. Pinte agora com a tinta de cor base. Deixe secar. Misture uma parte de água com 10% de cola branca. Por exemplo: 150 ml de água com 15 ml de cola branca. Passe na superfície, utilizando o pincel de espuma, e deixe secar até perceber que está pegajoso, grudento. Pinte então com a outra tinta de sua escolha.

Se quiser um craquelê largo, aplique uma camada generosa de tinta. Caso contrário, uma camada fina, mas homogênea. Não passe e repasse o pincel. Tente pintar com apenas uma pincelada de cada vez, sem ir e voltar. Deixe secar naturalmente ou utilize o secador de cabelos para acelerar o processo. O craquelê aparecerá enquanto a tinta estiver secando.

Meu conselho é que você teste antes de aplicar a técnica numa peça.

Craquelê em papel

- Pintura ou gravura reproduzida em papel grosso
- Verniz incolor à base de água (verniz acrílico)
- Cola branca
- Pincel de espuma
- Tinta a óleo (para pintar quadros) na cor sépia ou marrom. Se não tiver, use graxa para sapatos
- 1 pedaço de pano (de camiseta é melhor)

Deixe a gravura limpa, sem gordura. Usando o pincel de espuma, passe uma camada de verniz acrílico e deixe secar bem. Coloque a cola branca numa bandeja (as de isopor são ótimas) e, com o pincel de espuma, passe uma fina camada de cola na gravura. Trabalhe rápido e não vá e volte com o pincel. Procure dar apenas uma pincelada de cada vez.

Deixe secar completamente. Isso deve levar algumas horas. Passe outra camada de verniz acrílico sobre a pintura, e mais uma vez deixe secar completamente. Durante esse processo, o craquelado começará a surgir.

Para destacar o craquelê, passe suavemente a tinta a óleo ou a graxa de sapatos sobre a gravura, utilizando o pano de camiseta. Espalhe bem para que a tinta ou a graxa penetre apenas nas ranhuras do craquelado.

O efeito craquelado em pinturas e gravuras é muito lindo e dá um charme todo especial a qualquer obra. No processo de craquelar papelão ou papel grosso (não pode ser fino nem brilhante) também é necessário testar antes.

Desenhos na parede

Normalmente as pessoas utilizam estêncil para criar desenhos na parede ou nos móveis. A quantidade de modelos é enorme. Mas há um jeito muito fácil e prático de fazer uma pintura em sua parede, ainda mais quando você quer a imitação de um quadro, usando uma flor, por exemplo. Basta usar um retroprojetor. Você escolhe o desenho no computador, imprime na transparência, coloca sobre o retroprojetor, e será muito mais fácil contornar e pintar o desenho escolhido.

Douração de sapatinhos de bebês

Umas das coisas que queremos guardar são os primeiros sapatinhos de nossos filhos. Mas como é caro transformá-los em esculturas de prata ou bronze! Tenho uma receita caseira surpreendente.

O primeiro passo é limpar o sapatinho muito bem por fora e por dentro para tirar qualquer sujeira, mancha ou gordura.

Depois arrume os sapatinhos. Amarre os cordões ajeitando os laços. Se forem tênis, arrume bem a lingüeta.

Faça um pequeno furo atravessando a sola de cada sapatinho e, com um arame, faça um gancho, para poder pendurá-los para secar.

Se quiser que fiquem duros e rígidos, antes de iniciar o processo de douração encha-os com gesso líquido até 1 cm do topo e deixe secar por vários dias.

Para preparar a mistura, junte purpurina dourada a um bom verniz incolor, até obter um líquido parecido com tinta para artesanato.

Para aplicar a mistura, use um bom pincel e pinte os sapatinhos em várias camadas. Deixe secar bem entre uma camada e outra, pendurando-os pelos arames no varal, longe do sol. Lembre-se de limpar completamente o pincel entre uma camada e outra. Repita o processo até ficar satisfeita com o resultado.

Dica: se quiser, use purpurina prateada ou cor de cobre.

Imperfeições

Massa para corrigir imperfeições

Podem ser imperfeições em madeira, cerâmica crua, caixas de papelão, superfícies de gesso e até mesmo em paredes.

- Gesso (encontrado em lojas de material de artesanato)
- Base para artesanato (massa vendida no mesmo tipo de loja)
- Palito para churrasco

Coloque o gesso e a base para artesanato numa tigela e, com o auxílio do palito, comece a misturá-los até obter a consistência de massa de sorvete. Não há necessidade de medidas exatas. Misture os materiais até notar que a massa está homogênea. Ela estará adequada quando, ao retirar o palito, ficar presa a ele. Aplique com a espátula no sentido oposto às imperfeições. Se quiser, use um secador de cabelos para acelerar a secagem. Depois, lixe suavemente para alisar.

Truque para cobrir imperfeições e furos em paredes pintadas

Esta massa é ideal para corrigir imperfeições quando a parede já está pintada e você não tem restos da tinta que usou. A correção pode não ficar tão perfeita, mas será melhor do que gastar com um galão de tinta só para usar um pouquinho. Além disso, o resultado será bem melhor do que como está.

- 6 colheres de base para artesanato
- Tinta para tecido na cor da parede

Misture a base para artesanato com a tinta para tecido. Mexa até ficar bem homogênea e aplique. Depois de seca, lixe suavemente se necessário.

Madeira

Impermeabilização de madeira nova

- Querosene
- Álcool mentolado

- Vinagre
- Aguarrás

Passe o querosene com um pano em toda a peça. Deixe secar bem. Repita o processo.

Depois, faça uma mistura com o álcool, o vinagre e a aguarrás em partes iguais e passe por toda a peça, não esquecendo as pequenas reentrâncias. Utilize um recipiente *spray* para os cantos difíceis. Deixe secar bem e pinte como desejar.

Lembre-se de que madeira *in natura* precisa ser impermeabilizada para que não haja perigo de cupins e outras pragas.

Selagem da madeira

Toda madeira *in natura*, como as que passaram pelo processo de decapagem e lixamento, precisa de um selador, para que os poros sejam fechados e não haja desperdício da tinta que será usada na pintura da peça.

Não compre produtos especiais e caros para selar a madeira: use tinta látex diluída com 30% a 40% de água.

Acabamento para madeira

Estantes, prateleiras e caixas são práticas e fáceis de fazer. É só comprar a madeira crua, cortada na medida correta, lixar e montar. O difícil é dar um acabamento perfeito nos lados em que as camadas da madeira prensada estão expostas. Experimente passar uma boa camada de massa para madeira ou, se não tiver, massa corrida. Depois de seca, lixe suavemente. Ao pintar, terá um acabamento realmente profissional.

Acabamento para parede

A marmorização, o efeito malaquita, imitação de couro, pintura estriada, imitação de *jeans* em paredes etc. exigem que se utilize um preparado para retardar o tempo de secagem da tinta e permitir a manipulação. Esse preparado chama-se glaze, ou esmalte líquido.

Como existe muita confusão a respeito desse preparado transparente, que, misturado à tinta, não muda sua cor, mas permite efeitos maravilhosos, vou dar a receita de glaze para você fazer em casa.

- Glaze para ser usado com tintas à base de óleo (tinta esmalte ou esmalte sintético): misture, em partes iguais, verniz transparente à base de óleo, aguarrás e óleo de linhaça. Junte à tinta (mais ou menos meio a meio) até obter a consistência de um creme não muito grosso.

- Glaze para ser usado com tintas à base de água (látex, PVA ou acrílica): misture verniz à base de água com a tinta, na proporção de 20%.
- Glaze para ser usado com tintas a óleo (dessas que os artistas usam para pintar quadros, em tubinhos): misture, em partes iguais, verniz transparente à base de óleo, secante de cobalto e óleo de linhaça.
- Glaze para efeitos especiais em madeira. Primeira receita: misture, em partes iguais, vinagre, detergente e tinta em pó (usada para tingir tinta de parede). Faça uma pasta cremosa e espalhe com pincel sobre uma superfície já pintada com a tinta de base. Depois, crie um efeito maravilhoso, deslizando um plástico enrugado na superfície. A segunda receita, mais líquida, é para dar efeito de madeira tipo teca ou bordo: misture ½ copo de cerveja preta, ½ copo de álcool comum e 1 colher de tinta em pó da cor desejada. Passe uma camada com pincel e use as pontas dos dedos para criar o efeito (como se estivesse tocando piano).

  Dica: nesses dois casos específicos, você não pode usar verniz com pincel para impermeabilizar. Você deve usar verniz em *spray*, após deixar secar bem a superfície.

Marmorização de vidros (vasos, garrafas e copos)

Nesta receita, para marmorizar vasos, garrafas, copos ou superfícies de vidro, será utilizado um pote de sorvete retangular de plástico, pressupondo que o vaso deva ser um pouco menor do que essa embalagem. Em resumo, o recipiente deverá ser adaptado ao tamanho do vidro que será marmorizado. O efeito é muito interessante. Os materiais para esta técnica são:

- 1 pote de sorvete vazio
- 1 vaso
- tinta para pintura em vidro (verniz vitral)

Lave muito bem o vaso com água quente e detergente. Depois enxágüe com uma solução de vinagre e água morna. Coloque para secar.

Encha o pote de sorvete com água até a boca. Pingue gotas da tinta de uma só cor ou várias cores, como quiser. Use um palito para esticar as cores e dar o efeito marmorizado sobre a água. Encoste um lado do vaso na tinta e tire imediatamente. Faça o mesmo nos outros lados, lembrando que a tinta deve ser reposta quando necessário. Coloque para secar.

Massa de pó de mármore para decorar porta-retratos, molduras, vasos

- 1 xícara de pó de mármore
- ½ xícara de cola branca rótulo azul
- Água

Misture o pó de mármore com a cola branca e um pouco de água, até que se torne maleável e razoavelmente firme. Passe uma camada generosa com a espátula sobre a superfície e, utilizando um palito de churrasco, faça desenhos e arabescos.

Para obter um desenho em alto-relevo, passe a massa sobre um estêncil. Espere secar muito bem. Se necessário, passe uma esponja de aço, de leve, para tirar possíveis imperfeições.

Pinte ou experimente passar uma camada de purpurina misturada com goma-laca. Uma das formas de dar textura ou relevo a um trabalho é utilizar essa massa.

Modelagem de peças de crochê

É muito comum fazermos um trabalho em crochê para cobrir bolos ou até mesmo uma cestinha ou embalagem imitando um ovo de Páscoa, por exemplo. Para isso, é necessário deixar o trabalho durinho, para modelá-lo no formato que queremos. Então, aqui vai a receita feita de açúcar. Fique tranqüila, pois não há perigo de atrair moscas ou formigas.

- 1 colher de sopa de açúcar
- 1 colher de sobremesa de álcool
- ½ xícara de água quente

Dissolva muito bem o açúcar no álcool e na água quente (a mistura deve ficar rala). Em seguida, molhe a peça de crochê, moldando-a. Outra opção é deixá-la durante a noite dentro de uma forma para que fique no molde desejado.

Se for uma cestinha de pão, depois que o trabalho de crochê estiver bem molhado, use como molde uma tigela de vidro do mesmo tamanho. Deixe lá até o dia seguinte. Se for no formato de um ovo de Páscoa para guardar bombons, por exemplo, use uma forma de acetato como molde.

Papel machê

O papel machê é um dos mais versáteis materiais para se trabalhar com artesanato. Não há certo ou errado na maneira de fazê-lo. O que importa é adotar uma receita com a qual você se adapte, ou criar a sua própria. São tantas as coisas que podemos fazer com papel machê: jóias, máscaras, bonecos, mobílias, tigelas, vasos, cestinhas, esculturas, enfeites de geladeira.

Receita 1

- 1 rolo de papel higiênico fino
- ¼ de frasco de cola branca (rótulo azul)

Deixe o papel higiênico de molho em água durante 24 horas. Esprema bem. Para retirar toda a água, coloque o papel higiênico dentro de uma toalha e torça bem. O resíduo deve ser colocado numa tigela com a cola branca. Mexa muito bem, como se fosse pão. Guarde em sacos plásticos sem ar. Para que a massa fique ainda mais lisa, depois de torcido e esfarelado, bata o papel higiênico no liquidificador.

Receita 2

- 10 folhas de jornal
- 5 colheres de cola branca
- 5 colheres de cola bolão (receita ao lado)
- 1 xícara de vinagre
- Farinha de trigo para dar liga

Rasgue o jornal e coloque de molho em água por uma noite. A quantidade de água é a que for necessária para cobrir o jornal. Bata essa pasta no liquidificador.

Coloque sobre uma peneira, apertando bem, para escorrer toda a água.

Coloque numa bacia e adicione a cola branca, a cola bolão e o vinagre. Use uma colher de pau, pois fica mais fácil mexer. Junte a farinha aos poucos para dar textura. Quando estiver como massa de pão, retire da bacia e ponha numa superfície de pedra polvilhada com farinha para amassar como se fosse pão. A massa estará pronta quando não grudar mais nas mãos. Guarde em sacos plásticos sem ar. Essa massa é boa para modelagem.

> **Cola bolão**
>
> - 4 colheres de sopa de farinha de trigo
> - 1 ½ copo de água.
>
> Misture, leve ao fogo baixo em panela antiaderente, mexendo até cozinhar bem e virar um bolão. Retire do fogo e junte 2 colheres de sopa de vinagre. Misture muito bem e deixe esfriar.

Papéis

Papel de presente

Economize fazendo seus próprios papéis de presente ou capas para livros. Utilize, por exemplo, sacos de papel pardo ou de padaria mesmo.

Pinte e faça colagens com diversas tintas (guache, látex, para tecido, aquarela) e técnicas (esponjado, manchado, marmorizado). Pinte com lápis de cor, de cera, de maquiagem. Borrife *spray* dourado. Use *glitter* e purpurina para um visual mais sofisticado. Faça um mosaico, colando diversos pedacinhos de papel.

Impressão em papel com folhas e flores secas

- Papel parafinado, encontrado em lojas de produtos para festas
- Folhas e flores secas
- Ferro de passar roupa
- Pano fino do tipo usado para fraldas

Use uma superfície dura e lisa, coberta apenas com uma toalha de banho velha. Ligue o ferro na temperatura máxima, sem vapor.

Corte dois pedaços do papel parafinado no tamanho desejado. Coloque o primeiro sobre a superfície, com a face brilhante para baixo. Sobre a face opaca distribua as folhas e flores secas, compondo um arranjo decorativo.

Cubra com o outro pedaço de papel parafinado, com a face brilhante para cima, acertando bem para que as pontas coincidam e não fiquem tortas.

Coloque o pano fino por cima e passe a ferro bem quente. O papel parafinado vai derreter e grudar um ao outro com o calor. A transparência com as folhas e flores secas é maravilhosa!

Com lápis de cera

Faça do mesmo jeito anterior, só que, em vez de folhas e flores secas, coloque pedacinhos de lápis de cera coloridos. O papel ficará com manchas muito bonitas.

Você pode usá-los também para fazer cartões e marcadores de livros.

Dica: comprei papel parafinado em várias papelarias, mas tive um pouco de dificuldade, pois não são tão parafinados assim. Então, para o trabalho ficar bem melhor, experimente pincelar parafina líquida no papel, antes de colocar o recheio (folhas e flores secas, pedacinhos de lápis de cera coloridos, penas, confetes e o que mais sua imaginação criar). Obtenha parafina líquida de forma muito simples, derretendo uma vela branca numa lata, até se tornar transparente como água.

Imitação de mármore

- 8 pacotinhos de gelatina em pó sem sabor
- 2 xícaras de água fervendo

- 10 xícaras de água fria
- 1 recipiente raso de plástico, grande o suficiente para caber o papel
- Tinta a óleo de diversas cores
- Aguarrás
- Papel de embrulho ou papel kraft

Dissolva a gelatina na água fervendo. Coloque no recipiente de plástico. Misture delicadamente. Encha com a água fria. Enquanto aguarda ficar com a consistência de mingau, faça, em copinhos separados, diversas cores de tinta, misturando tinta a óleo com um pouco de aguarrás, até formar um creme aguado. Com um palito de churrasco, pingue as várias cores e mexa com delicadeza, até obter um efeito marmorizado.

Pressione gentilmente o papel sobre essa superfície, levante devagar e coloque para secar.

Com creme de barbear

Não use gel. Pegue um recipiente raso, mas largo o suficiente para caber uma folha de papel tamanho sulfite ou um pouco maior. Espalhe o creme de barbear numa camada consistente. Usando tinta para tecido, tinta plástica ou guache, pingue gotas das cores desejadas e, com um palito, faça desenhos interessantes. Pegue a folha de papel e deite suavemente sobre a superfície. Levante-a com cuidado e coloque para secar numa superfície plana. O efeito é mais do que surpreendente.

Com esponja

- Papel de seda, kraft, sulfite ou saco de papel pardo de padaria
- 1 esponja marinha ou de cozinha
- Tinta acrílica, guache ou de parede, em duas cores diferentes ou em tom sobre tom
- Purpurina ou *glitter* (opcional)

Se usar uma esponja de cozinha, faça nela vários furinhos ou picotes com a tesoura. Arranque pedacinhos para que fique com a textura da esponja marinha.

Umedeça a esponja com água, mergulhe-a na tinta, retire o excesso numa toalha de papel e vá carimbando o papel escolhido. Lave a esponja. Espere o papel secar. Mergulhe a esponja na tinta de outra cor, retire o excesso e vá carimbando sobre o papel novamente.

Se quiser, salpique um pouco de purpurina ou *glitter* por cima da tinta ainda fresca. Espere secar.

Com papel de seda

- Papel de seda
- Papel de embrulho
- Tinta acrílica, látex ou guache

Mergulhe uma bola de papel de seda amarrotado dentro de um prato com tinta e carimbe o papel de embrulho. Use uma bola diferente para cada cor de tinta.

Experimente com diferentes formas, sobrepondo-as para criar novas cores. Inclua o branco.

Com estêncil de alfabeto

Usando um estêncil do alfabeto, pinte frases, poemas, nomes e apelidos. Encape livros ou use como papel de presente.

Papel reciclado para plantar

A receita para fazer papel reciclado você encontra no capítulo "Recicle... recicle...". Só existem duas diferenças.

Primeira: em vez de usar qualquer papel, use apenas caixas de leite longa-vida. Corte-as em tiras de 2 cm e deixe de molho num balde, numa mistura de sabão em pó e água quente. Enxágüe e retire a parte laminada. Coloque agora só o papelão de molho em água quente por uma noite. A partir daí, siga as instruções da receita.

Segunda: quando retirar a peneira com a polpa e colocá-la sobre o tecido preparado para fazer as camadas, espalhe sementes de flores sobre ela.

Continue seguindo as instruções da receita para fazer papel reciclado quanto à secagem.

Depois, utilize esse papel para fazer cartões de aniversário, Natal etc. Instrua a quem receber o cartão para plantá-lo depois. Como o papelão da caixa é biodegradável, pode ser plantado e regado, para as flores nascerem.

Plastificação de tecidos e bordados em ponto-cruz

Os bordados em ponto-cruz são muito utilizados como fundo decorativo de relógios de parede, bandejas, lembrancinhas. Para plastificar seu trabalho, use esta receita:

- 1 xícara de cola branca
- 1 xícara de água

- 1 xícara de álcool

Coloque todos os ingredientes dentro de um vidro com tampa. Misture muito bem. Pincele o bordado dos dois lados com essa mistura e deixe secar. Se as peças forem pequenas, mergulhe-as na solução e aperte com as pontas dos dedos para retirar o excesso. Deixe secar muito bem.

Rosas cristalizadas para decorar bolos

Tenha certeza de que as rosas não foram cultivadas com pesticida ou inseticida, pois normalmente rosas cristalizadas são para comer.

Separe açúcar cristalizado em alguns potinhos, tingindo cada um com um corante alimentício diferente, para obter várias cores. Deixe secar. Em separado, bata ligeiramente uma clara de ovo. Se quiser cristalizar a rosa inteira, pegue-a com cuidado e, usando um pincel muito macio, pincele cada pétala no sentido de vai-e-vem. Comece pelo lado de dentro das pétalas, pelo miolo. Ao terminar, pincele o lado de fora. Use o cabo do pincel para separar cada pétala. Concluído o trabalho, jogue uma colher de açúcar cristalizado na cor desejada sobre a rosa, separando as pétalas delicadamente, para que cada uma receba sua porção de açúcar.

Coloque para secar numa bandeja forrada com papel-manteiga ou papel parafinado.

Para cristalizar apenas pétalas de rosas, o processo é mais fácil. Basta separá-las da rosa e pincelar cada uma. Bolos, sobremesas e sorvetes decorados com rosas em cores diferentes, em tom pastel, ficam belíssimos.

Secagem e clareamento de folhas, flores e frutas

Folhas

Se quiser usar o microondas, coloque as folhas em cima de um papel-toalha por 3 minutos na potência alta. Espere esfriar e ponha por mais 3 minutos. Deixe esfriar bem e coloque as folhas dentro de uma lista telefônica ou livro pesado, entre pedaços de papel-toalha ou papelão.

Se não quiser usar o microondas, coloque as folhas entre camadas de papelão grosso. Faça uma pilha e, por cima, coloque livros pesados. Armazene em lugar morno e seco por cerca de dez dias. Verifique freqüentemente e, se necessário, troque o papelão.

Guarde em envelopes grandes de papel. Folhas de samambaia ficam lindas depois de secas. Use as folhas secas para fazer cartões, quadros.

Rosas

As rosas secam muito bem ao ar livre. Pendure-as em lugar fresco e seco, de cabeça para baixo.

Frutas

Escolha a fruta: laranja, maçã, goiaba, abacaxi, figo, e deixe-a um pouco no congelador, para facilitar o corte. Faça fatias de aproximadamente 0,5 cm e polvilhe uma pequena quantidade de sal nos dois lados, para acelerar o processo. A secagem pode ser feita no microondas (deixe por 1 minuto em potência alta) ou em forno comum (nesse caso demora mais tempo). Depois, deixe ao ar livre.

Branqueamento de folhas e folhagens

- 5 litros de água
- 500 g de soda cáustica

Misture a soda cáustica na água e mergulhe as folhas por 30 minutos. Retire. Mergulhe novamente por 20 minutos. Observe que o clareamento vai surgir. Então, retire as folhas, lave-as bem em água corrente e pendure para secar em local arejado, mas sem sol, por um ou dois dias.

Tecidos pintados

Com lápis de cera

- Tecido para pintar
- Lápis de cera em várias cores
- Percevejos
- Jornal
- 1 pano limpo
- ½ xícara de vinagre
- 1 xícara de água
- 3 colheres de sopa de sal
- 1 litro de água
- Tecido branco de algodão
- Ferro de passar roupa

Lave bem o tecido para tirar toda a goma e deixe secar. Prenda o tecido com percevejos para ficar bem esticado. Faça o desenho que quiser com os lápis de cera. Você pode escrever uma frase também.

Depois, vire o tecido com o desenho para baixo sobre um pano limpo colocado em cima de várias camadas de jornal.

Misture o vinagre com a água. Mergulhe o tecido branco de algodão, esprema bem e estique sobre o tecido com o desenho. Passe o ferro bem quente, sem vapor. Misture o litro de água com o sal e mergulhe o tecido. Deixe por 3 a 4 horas. Lave com água morna e detergente bem suave. Coloque para secar.

Com lápis de cera e lixa

- 1 lixa de móveis média (encontrada em lojas de material de construção)
- Lápis de cera coloridos
- 1 litro de água
- 3 colheres de sopa de sal
- 1 camiseta

Faça seu desenho na lixa. Pegue a camiseta, forre por dentro com papelão bem grosso. Vire a lixa sobre a camiseta. Coloque um pano limpo por cima e passe com ferro bem quente, sem vapor.

O desenho será transferido para a camiseta com uma linda textura. Deixe a camiseta secar muito bem.

Depois, mergulhe-a na mistura da água com o sal por 3 a 4 horas. Lave com água morna — quase fria — e detergente bem suave. Deixe secar.

Dica: no caso do desenho com lixa, lembre-se de fazê-lo como se fosse o verso; caso contrário, ao imprimir, o desenho sairá invertido.

Texturização

Com massa corrida

- Corante líquido próprio para tintas à base de água
- Rolo, escova de aço ou espátula

Quando você quiser fazer uma parede texturizada, em vez de comprar o material já pronto, que é muito caro, faça o seu com massa corrida.

Para tingir na cor desejada, use o corante, que pode ser encontrado em todas as cores. Faça a textura usando ou o rolo, ou a escova de aço, ou a espátula, ou até mesmo as pontas dos dedos.

Com pó de mármore

- Pó de mármore

- Tinta látex
- Massa corrida
- Corante líquido próprio para tintas à base de água

Quando você quiser fazer uma parede texturizada com um efeito acetinado, use esta mistura. Não há medidas exatas. Você deve adicionar a massa corrida aos poucos à tinta látex, bem como o pó de mármore. Ela deve ficar como um creme e permitir a aplicação com o rolo. Depois, faça texturas com uma escova de aço ou uma espátula. Você pode usar até mesmo as pontas dos dedos.

Com areia

- Areia
- Tinta látex nas cores que desejar
- Esponja marinha ou de cozinha

Para dar um efeito de pedra, junte areia à tinta látex. Existem areias coloridas em lojas de jardinagem, mas você pode usar areia de praia. Depois de seca, confira um efeito mais real dando pancadinhas com a espoja molhada na tinta látex.

Tintas

Tinta para transferir desenhos

- 2 colheres de sopa de sabão em barra ralado bem fino
- ¼ de xícara de água quente
- 1 colher de sopa de aguarrás

Use esta tinta para transferir desenhos impressos no computador ou cópias de xerox. Você pode transferir para outros papéis, tecidos e papel-cartão. Se for transferir desenhos feitos na impressora, dê preferência às de jatos de tinta, pois os impressos a *laser* não servem.

Misture o sabão com a água quente até dissolver. Depois de bem dissolvido, misture a aguarrás. Deixe esfriar completamente antes de usar. Para transferir, não use desenhos feitos há muito tempo. Com um pincel, passe a tinta sobre o desenho a ser transferido. Espere 10 segundos. Coloque sobre o local onde quer ver o desenho e esfregue firmemente com as costas de uma colher. Levante uma pontinha para ver se o desenho foi transferido completamente. A tinta pode ser guardada, desde que fique fora da geladeira. Se, por acaso, endurecer um pouco, leve ao banho-maria e ela voltará ao estado líquido.

Tinta de cola para superfícies enceradas

- 2 partes de cola
- 1 parte de água
- Pó de tinta para tingir tecidos (em tubinhos) ou pigmento em pó usado para tingir tinta látex

Misture a cola com a água. Depois prepare as cores que desejar, adicionando o pigmento. É lavável em água e sabão. Não guarde na geladeira. Esta tinta é adequada para tingir caixas de leite e sucos longa-vida.

Tinta para carimbos

- Pó de tinta para tingir tecidos nas cores desejadas
- ¼ de colher de chá de álcool
- 5 colheres de sopa de glicerina líquida

Misture o pó de tinta com o álcool, até formar um creme. Junte a glicerina e misture muito bem. Para fazer sua própria almofada de carimbo, acomode um pedaço de espuma dentro de uma saboneteira. Esta tinta é ideal para trabalhos de *embossing*, ou seja, em relevo.

Tinta à prova d'água

- 1 colher de sopa de pó de tinta para tingir tecidos
- 1 colher de chá de extrato alimentício de menta
- 1 colher de sopa de glicerina líquida
- ¾ de xícara de água destilada

Dissolva a tinta em pó no extrato alimentício. Junte a glicerina e depois a água destilada. Esta tinta é permanente em tecidos.

Tinta feita com leite em pó

- 1 ½ xícara de leite em pó desnatado
- ½ xícara de água

Misture o leite em pó e a água aos poucos, obedecendo à proporção, para adquirir a consistência de tinta látex pura. Se fizer uma quantidade maior, adicione água para afinar e leite em pó para engrossar, quando necessário. Tinja com corante à base de água na cor desejada. Pinte como se fosse qualquer outra tinta. Deixe a primeira camada secar pelo menos 24 horas antes de passar a segunda camada. Deixe secar por três dias.

Essa tinta é uma das mais duráveis e simples de fazer. Era utilizada pelos primeiros colonizadores americanos.

Velas

- Parafina (em pedras ou grãos, na quantidade adequada para o tamanho da vela)
- Estearina (5% da quantidade de parafina escolhida)
- Pavio comprado pronto
- Essência perfumada
- Corante (para economizar, use restos de lápis de cera)

Use latas de óleo para derreter a parafina em banho-maria. O ponto ideal é quando fica parecendo água. Acrescente a estearina e as lascas de lápis de cera para colorir. Enquanto isso, se for desenformá-la, unte o recipiente com óleo de cozinha. Use a pistola de cola quente para colar a ponta do pavio no fundo do recipiente. Deixe-o bem esticado, prendendo a borda num palito de churrasco ou lápis, para ficar centralizado. Retire a parafina do fogo, acrescente a essência e despeje com cuidado no recipiente. Em 2 ou 3 horas estará pronta para desenformar.

Um segredo: é comum, quando a vela começar a esfriar, afundar no centro. Para evitar isso, guarde sempre um pouco da parafina para derreter novamente e preencher o centro.

Se quiser utilizar a parafina em gel, é possível decorar com pedrinhas, conchinhas, peixinhos, que devem ficar sempre longe do pavio, rente às bordas do recipiente. Não há necessidade de colocar a estearina.

Crianças em ação

Você sabe como o tempo passa depressa, não é mesmo?

Parece que faz tão pouco tempo que eram bebês e agora estão aqui, esperando que você encontre na sua cartola mágica uma forma inédita e divertida de passar momentos agradáveis.

Lembre-se de que você está competindo pela atenção dos seus filhos a cada momento com uma babá muito poderosa: a televisão. Por isso, você deve surpreendê-los com a sua criatividade, com o inusitado, com a surpresa. Mostre que você ainda é aquela que sabe mais do que a TV. Afinal, a heroína de seus filhos não pode ser a boneca de um desenho ou uma apresentadora de programas infantis, não é mesmo? Tem de ser você!

Aproveite as férias, feriados e finais de semana para brincar com eles. Desenvolva neles a capacidade de criar seus próprios brinquedos, de fazer despertar a criatividade e ainda se divertir.

Não há absolutamente nada no mundo que substitua os momentos que você vai passar com eles, brincando juntos.

A seguir, apresento vários projetos para você fazer com as crianças. E quer saber de uma coisa? Você também vai se divertir. E muito!

Cápsula do tempo

Essa é uma das melhores e mais divertidas formas de brincar, distrair e se divertir. Uma cápsula do tempo é um brinquedo barato, mas muito interessante.

Na verdade, todos na família deveriam participar, colocando alguma coisa de que gostem e que terá um significado especial no decorrer do tempo.

Mas vamos pensar juntas: o que é uma cápsula do tempo? Bem, é algo que fazemos para dizer aos outros, no futuro, o que éramos, do que gostávamos, o ambiente em que vivíamos etc.

Imagine por um momento que daqui a cem anos alguém irá encontrar essa cápsula do tempo e saber exatamente a quem pertencia, como eram essas pessoas, do que elas gostavam, o que estava acontecendo no mundo naquela época e assim por diante. Isso é o que deve nortear as crianças na formação da cápsula do tempo.

Mas você e eu sabemos que não será assim. Na verdade, você saberá onde ela estará o tempo todo e, no momento oportuno, quando seus filhos forem grandes, estiverem indo para a faculdade ou se casando, você a abrirá numa ocasião especial, e terão momentos emocionantes e divertidos para compartilhar.

O objeto que servirá de cápsula do tempo pode ser uma garrafa plástica, dessas de refrigerante, cortada e decorada como uma cápsula mesmo. Ou então, uma caixa com várias cápsulas do tempo dentro, para cada criança e adulto, se você tem mais de um ou dois filhos (gosto mais dessa idéia, com cada um tendo sua própria cápsula).

O que não devemos colocar na cápsula do tempo?

- Não coloque coisas de que você ou eles possam precisar no futuro.
- Faça da cápsula do tempo algo pessoal e familiar; referências ao momento social são importantes, mas fatos geopolíticos não, porque não é um livro de história.
- Use papel bom para escrever anotações; papéis de caderno, por exemplo, não servem, pois tendem a manchar e até se desfazer com o tempo.
- Não use coisas como CDs, fitas cassete etc.; lembre-se de que *no futuro* nossa alta tecnologia de hoje pode estar completamente obsoleta.

O que devemos colocar na cápsula do tempo?

- Dados pessoais, nome, idade, preferências, o que está estudando, o que quer ser no futuro, objetos e bichos de que mais gosta etc. Para os adultos, ainda, profissão etc.
- Uma lista de planos para o futuro de cada membro da família.
- Uma referência a algo de que goste muito, como a coleira de um cachorro, a fita do vestido de uma festa, um cachinho do cabelo da boneca, a roda de um carrinho que quebrou mas era muito impor-

tante, algo pequeno e pessoal (que tal um tufinho de cabelo de cada um, para leitura de DNA?) etc.

- Cartões de mensagem de cada membro para quem encontrar a cápsula.
- A primeira página de um jornal nacional com as principais notícias do dia; não se esqueça: a *data* é muito importante.
- Cartões-postais da cidade ou país onde mora.
- Fotografias (escreva atrás delas).
- Desenhos das crianças.
- Enfim, o que mais todos acharem interessante.

Como armazenar tudo isso?

Em primeiro lugar faça uma lista de tudo o que tem na caixa. Inclua a descrição, pois, por mais esperta que você seja, pode não se lembrar de algo ou do motivo que a levou a colocar na caixa.

Faça uma etiqueta dizendo a que família pertence, com nomes, endereço, telefone e *e-mail*.

Finalmente, onde colocar a cápsula do tempo?

Bem, o mais emocionante, sem dúvida, é enterrá-la. Nesse caso, pense bem antes. A caixa deve ser colocada num recipiente de plástico; a terra tem que ser sua; não pode ser num local onde ocorram enchentes ou que o cachorro possa revirar. Enterrar é o mais emocionante e isso até pode ser feito — com certa solenidade. Mas você e eu sabemos que, depois, a cápsula deverá ficar escondida, não é?

Pedra do tesouro

As pedras do tesouro são muito interessantes e podem inclusive servir como lembrancinhas em festas de aniversário. Você vai precisar de:

- 1 xícara de pó de café (usado)
- ¼ de xícara de areia
- ½ xícara de sal
- 1 xícara de farinha
- 1 xícara de água
- Bijuterias diversas ou brinquedinhos (*os tesouros*)

Misture tudo muito bem (menos as bijuterias ou os brinquedos) até atingir a consistência de uma massa firme. Se necessário, adicione mais farinha. Molde nas mãos, no formato de uma bola (ou pedra arredondada ou ovalada). Faça um buraco e coloque o tesouro. Torne a tampar, modelando novamente a pedra. Deixe secar ao ar livre por dois dias ou três dias (se tiver muita pressa use o forno caseiro por 20 minutos, mas não coloque tesouros que possam derreter). A criança deverá quebrar a pedra para encontrar o tesouro.

Quebra-cabeça divertido

Este é um projeto ótimo de fazer para seus filhos, ou junto com eles, e criar graus de dificuldades de acordo com a idade de cada um. É excelente para fazer parte do seu "*kit* de emergência para distrair crianças em longas viagens de carro ou avião".

Escolha lindas gravuras, desenhos, ou tire xerox da foto do seu filho. Cole numa cartolina. Depois de seca, cubra com papel adesivo (tipo Contact) transparente, para que possa durar bastante. Corte em pedaços (menores para crianças maiores, e maiores para crianças menores), e dê ao seu filho para montá-lo. É simples, mas funciona, e vai diverti-lo por horas.

E não é que podem até servir como lindas toalhas de mesa individuais?

Superlápis *crayon*

É comum termos sobras e sobras de tocos ou pedaços de lápis de cera, pois crianças não gostam de lápis usados ou pequenos (principalmente ao começar um novo ano escolar, não é mesmo?). Então, aproveite e faça uma surpresa. Junte os restos de *crayons* (separe por cor, se tiver bastante; se não, crie novas cores). Coloque numa panela para derretê-los em banho-maria. Deixe preparados moldes de sabonete, chocolate ou de biscoito. Depois de derretidos, despeje nos moldes. Espere secar e... seus filhos terão novos lápis *crayons* superoriginais. Eles vão "brigar" para usá-los, e na escola ninguém terá *crayons* como os deles.

Giz

- 1 xícara de gesso de secagem rápida (é fácil encontrar o gesso em pacotes de 1 kg nas lojas que vendem materiais para artesanato)
- ½ xícara de água, aproximadamente
- Corante alimentício de várias cores
- Moldes para sabonete ou chocolate, de PVC (são baratinhos) ou silicone

Coloque o gesso numa tigela (use algo descartável, como potes de sorvete ou margarina). Adicione a água (vá seguindo as instruções do fabricante). Separe em vários copos descartáveis para adicionar o corante e assim obter giz de diversas cores. Mexa muito bem e despeje nos moldes. Ao secar, os gizes para seus filhos brincarem estarão prontos.

Tinta para pintura em papel, tela etc.

Receita 1

- ½ xícara de farinha
- 1 colher de sopa de glicerina líquida (vendida em qualquer drogaria ou farmácia)
- 2 xícaras de água
- Corante alimentício
- 1 colher de chá de limão

Misture a farinha com ½ xícara de água, até formar uma pasta homogênea, sem grumos. Vá adicionando o restante da água aos poucos e leve ao fogo baixo até engrossar e clarear. Sem parar de mexer, retire do fogo. Deixe esfriar. Junte a glicerina e o limão. Se ficar muito grossa, adicione água. Divida em potinhos (os de comida de bebê são ótimos) e adicione o corante alimentício, para fazer tintas de várias cores.

Receita 2

- 2 xícaras de água fria
- ¼ de xícara de maisena
- Corante alimentício

Leve a água ao fogo. Adicione a maisena pré-dissolvida num pouco de água e cozinhe em fogo baixo até engrossar. Divida em potinhos e adicione o corante alimentício.

Receita 3

- ½ xícara de maisena
- 1 xícara de água fria
- 1 pacote de gelatina sem sabor
- 2 xícaras de água fervendo
- Corante alimentício

Misture a maisena com ½ xícara da água fria, até formar uma pasta. Com o restante da água fria, hidrate a gelatina. Coloque as 2 xícaras de água para ferver. Adicione a maisena, misture muito bem, cozinhe e tire do fogo, juntando a gelatina. Divida em potinhos e adicione o corante alimentício.

Receita 4

- ½ xícara de goma líquida para engomar tecidos
- ½ xícara de sabão em pó
- ⅝ de xícara de água

Misture muito bem até adquirir a consistência de purê de batatas. Tinja com corante alimentício.

Receita 5

- 1 xícara de maisena
- 2 xícaras de água fria
- ½ xícara de sabão em pó
- 400 ml de água fervendo
- Glicerina líquida
- Corante alimentício

Coloque a maisena numa panela. Adicione as 2 xícaras de água fria, aos poucos, mexendo sempre, até formar um creme. Coloque essa mistura, bem devagar, sobre a água fervendo, sempre mexendo rapidamente. Cozinhe até a mistura ficar clara e espessa. Junte o sabão em pó e mexa até obter um creme macio. Retire do fogo e adicione algumas gotas de glicerina, separando em potinhos para colocar o corante alimentício.

Tinta de leite semibrilho

- 2 colheres de sopa de bórax
- ¼ de xícara de água morna
- ¼ de xícara de leite em pó sem gordura (*diet*)
- Pigmento em pó para tinta (pó Xadrez)

Dissolva bem o bórax na água morna. Depois, junte ao leite. O pigmento deve ser adicionado aos poucos, na paleta, para fazer as cores. Lavável em sabão e água. Esta tinta deve ser guardada na geladeira.

Uma palavrinha

Algum tempo atrás, houve uma campanha contra fórmulas que utilizam bórax, a ponto de ser retirado do mercado um brinquedo chamado Geleca, cuja composição utilizava bórax. Nos Estados Unidos e no Canadá o bórax é utilizado em receitas para brinquedos infantis e em cremes de beleza, por isso fui procurar e encontrei no *site* da Agência Nacional de Vigilância Sanitária (www.anvisa.gov.br) a informação técnica sobre o bórax. E a verdade é que os efeitos mencionados são conseqüências da exposição a altas doses, ou por ingestão, o que não é o caso. Além do mais, a quantidade utilizada para brinquedos de manipulação constante é pouca. No entanto, fica a seu critério utilizá-lo ou não.

Tinta de aquarela

- 1 colher de sopa de vinagre
- 2 colheres de sopa de bicarbonato de sódio
- 1 colher de sopa de maisena
- ¼ de colher de glicerina líquida
- Corante alimentício

Misture o vinagre com o bicarbonato numa panela, mexendo bem. Quando a mistura parar de espumar, junte a maisena e a glicerina. Mexa até ficar homogêneo. Separe em potinhos e vá colorindo, para obter tintas de várias cores. Deixe endurecer durante uma noite. Ao pintar, o pincel deve ser molhado na água e depois nesta tinta.

Creme para pintar o rosto

Pintar o rosto das crianças é uma forma divertida de distraí-los ou até mesmo criar um pólo de diversão numa festa de aniversário. E este creme sai muito fácil, bastando lavar com água morna.

- 1 colher de sopa de maisena
- ½ colher de sopa de creme de barbear
- ½ colher de sopa de água
- Corantes alimentícios de diversas cores

Misture todos os ingredientes muito bem, menos o corante. Separe em vários potinhos e aí, sim, adicione os corantes, fazendo cremes de várias cores.

Bolachas de vitral (estas são para comer)

Descubra uma receita de bolachas que possam ser modeladas (tipo massa de *pizza*, por exemplo). Ao moldar, procure criar formas que deixem espaços vazios, mas cujas bordas sejam unidas (veja a figura). Agora pegue balas, do tipo Kids, que parecem vidro transparente, e esmigalhe bem, colocando-as com a colher nos espaços vazios das bolachas. Não deixe nenhum espaço vazio. Leve ao forno para assar, de acordo com a receita. As balas vão derreter e as bolachas parecerão vitrais.

Gel-espuma de banho

- 1 pacotinho de gelatina sem sabor
- ¾ de xícara de água
- ½ xícara de sabonete líquido ou xampu infantil
- Essência alimentícia de morango ou outra de sua preferência
- Corante alimentício da cor que quiser
- Etiquetas (feitas pelo seu filho; veja a receita da cola molha e cola, no capítulo "Artesanato e bricolagem")

Ferva a água. Despeje a gelatina dentro e mexa muito bem, até dissolver (se não mexer muito bem, se formarão grumos). Isso leva alguns minutos. Devagar e gentilmente, adicione o sabonete ou shampoo. Junte algumas gotas da essência e do corante. Coloque num recipiente e cole a etiqueta feita por seu filho. O banho será muito mais divertido com esse gel-espuma feito por seus próprios filhos.

Massinhas para modelar

Uma palavrinha

Esteja certa de usar a massinha apropriada para cada faixa etária. Por exemplo: crianças em idade pré-escolar adoram a massinha Soft, pela excelente textura e pelo cheiro, muito gostoso. Já as crianças do primário gostam das massinhas Play, pois secam melhor. Para crianças maiores, as massinhas Clay são mais atraentes, pois endurecem bem, duram mais e têm melhor acabamento, embora sejam um pouco mais duras para trabalhar.

Use o que você tem em casa para modelar. Um espremedor de alho faz cabelinhos, assim como o espremedor de batatas. Use moldes de bolachas e bombons. Trabalhe com garfos, tampas, palitos de sorvete, enfim, use a imaginação.

As massinhas feitas em casa duram meses, quando guardadas de forma correta, em saquinhos fechados hermeticamente. Se secarem demais, às vezes com algumas gotas de água quente ou óleo vegetal elas voltam ao estado natural.

Massinha de modelar feita de pão

- Fatias de pão de forma
- Cola branca diluída em um pouco de água

Tire as cascas do pão de forma, pique em pedacinhos e misture com a cola. Vá mexendo bastante, até formar uma massa gostosa de trabalhar. Faça suas obras de arte, como objetos, animais etc. Coloque para secar e depois pinte como quiser.

Massinha de modelar feita com café

Receita 1

- 4 xícaras de farinha de trigo
- 1 xícara de sal
- ¼ de xícara de café instantâneo
- 1 ½ xícara de água quente

Dissolva o café na água quente. Em outra tigela, misture a farinha e o sal, adicionando então o café diluído na água quente. Misture bem, até obter uma massinha macia. Se necessário, adicione mais café diluído. Use-a como massinha de modelar. Para durarem mais, as peças devem ser cozidas no forno durante 30 minutos, mais ou menos (ou até endurecer). Pinte como quiser e depois impermeabilize com goma-laca ou verniz transparente. Guarde o restante da massinha num saco plástico bem fechado, para não endurecer.

Receita 2

(vai parecer pedra quando secar e quebra fácil)

- 2 ½ xícaras de farinha de trigo
- 2 ½ xícaras de grãos de café grosseiramente triturados
- 1 ½ xícara de sal
- 1 xícara de areia
- 1 copo de água

Misture a farinha, os grãos de café, o sal e a areia. Adicione água, até a mistura homogeneizar. Usar pouca água.

Massinha de modelar feita com areia

- 4 xícaras de areia limpa
- 2 xícaras de maisena
- 1 colher de chá de cremor de tártaro (pode ser encontrado em supermercados)
- 3 xícaras de água quente

Misture a areia, a maisena e o cremor de tártaro numa panela. Junte a água quente. Cozinhe em fogo médio, mexendo constantemente, até a água ser absorvida e a mistura engrossar. Deixe esfriar, até poder usá-la para modelar. A textura desta massinha é perfeita para fazer figuras usando moldes de sabonete ou chocolate, untando antes com um pouco de óleo ou vaselina.

Massinha de modelar brilhante, feita com *glitter*

- 2 xícaras de farinha de trigo
- 1 ½ xícara de sal
- 6 colheres de chá de cremor de tártaro (pode ser encontrado em supermercados)
- 3 xícaras de água
- 3 colheres de sopa de óleo de cozinha
- Corante alimentício
- *Glitter* na cor desejada

Misture os ingredientes secos, exceto o *glitter*, numa panela grande. Junte a água, o óleo e o corante alimentício, e misture bem, até dissolver tudo completamente. Coloque a panela em fogo médio e mexa, para obter uma massa grossa e homogênea, formando uma bola grande. Retire do fogo. Quando a massa esfriar, adicione o *glitter*. Objetos modelados ou feitos em formas de chocolate ou sabonete ficam lindos com esta massinha. Guarde em saco plástico bem fechado, para não secar.

Massinha de modelar *Play*

Receita 1

- 1 xícara de água
- ½ xícara de sal
- 1 ½ xícara de farinha de trigo
- 2 colheres de chá de cremor de tártaro
- 2 colheres de sopa de óleo vegetal (soja, amendoim, milho etc.)
- Corante alimentício

Junte o corante alimentício à água (se quiser fazer de uma cor só; se forem várias cores, você deve fazer várias receitas). Adicione os demais ingredientes e leve ao fogo, numa panela antiaderente. Cozinhe em fogo médio, mexendo sempre, até formar uma bola. Tire do fogo e deixe esfriar. Guarde em saquinhos plásticos sem ar. A próxima receita segue segue o mesmo modo de preparo.

Receita 2

- 1 xícara de farinha
- 1 xícara de água quente
- 2 colheres de chá de cremor de tártaro
- 1 colher de chá de óleo
- ¼ de xícara de sal
- Corante alimentício

Massinha de modelar *Soft*

Receita 1

- 3 ½ xícaras de farinha de trigo
- ½ xícara de sal
- 2 pacotinhos de suco em pó
- 3 colheres de sopa de óleo vegetal
- 2 xícaras de água fervendo

Misture o sal, os pacotinhos de suco e o óleo numa panela média. Junte a água fervendo e mexa com uma colher, até dissolver. Junte a farinha e continue mexendo. Quando esfriar, coloque numa superfície do tipo mármore, untada, e comece a amassar como massa de pão (se necessário, adicione mais farinha).

Esta massinha de modelar é excelente para brincar, mas não é boa para esculpir, pois não seca muito bem.

Receita 2

- 3 xícaras de farinha de trigo
- 1 ½ xícara de sal
- 6 colheres de chá de cremor de tártaro
- 3 xícaras de água fria
- 3 colheres de sopa de óleo
- Pacotes de suco em pó, em várias cores

Misture os ingredientes secos, exceto o suco, numa panela grande. Em separado, misture os líquidos. Depois, junte os secos com os líquidos na panela e leve ao fogo médio, mexendo sem parar, até que a mistura comece a despregar dos lados. Coloque numa superfície do tipo mármore e comece a amassar como pão. Separe em porções e adicione a cada uma o suco, para criar massinhas de diversas cores. Use para modelar, depois coloque as peças para secar na sombra. Guarde a massinha em saquinhos de plástico sem ar, para não endurecer.

Massinha de modelar *Clay*

- 2 xícaras de bicarbonato de sódio
- 1 xícara de maisena
- 1 ¼ xícara de água fria (se quiser, adicione corante alimentício)
- 1 colher de sopa de óleo vegetal

Misture o bicarbonato de sódio e a maisena numa panela antiaderente. Junte a água e o óleo, e cozinhe em fogo médio, mexendo constantemente, até que a mistura adquira consistência de purê de batatas (de 10 a 15 minutos). Não cozinhe por muito tempo, pois a massinha pode quebrar quando secar. Retire do fogo e coloque num prato, cobrindo com um pano úmido. Quando esfriar, ponha numa superfície salpicada com maisena, para amassar como se fosse pão, até ficar macia.

Esta massinha é excelente para fazer ímãs de geladeira, bijuterias, ponteiras para lápis etc.

Massinha que parece jóia

- ½ xícara de cola branca
- 2 xícaras de sal grosso
- Corante alimentício colorido

Misture o sal com o corante da cor que quiser. Depois, junte a cola e mexa bem, por 2 ou 3 minutos. Você pode moldar esta massinha ou colocar em forminhas. Faça de diversas cores.

Massinha esperta de modelar

Receita 1

- ⅔ de xícara + ½ xícara de água
- 2 xícaras de sal

- 1 xícara de maisena

Adicione ⅔ de xícara de água ao sal numa panela e misture bem. Leve ao fogo médio, mexendo por 4 ou 5 minutos, até o sal se dissolver por completo. Retire do fogo. Numa tigela, em separado, misture ½ xícara de água com a maisena, mexendo até obter uma mistura macia. Junte a mistura de maisena com a mistura de sal e mexa bem. Retorne ao fogo baixo e cozinhe, mexendo sempre, até ficar bem lisa e homogênea. Esta receita engrossa rapidamente. Retire do fogo e use para modelar objetos. Esta massinha pode secar ao sol.

Receita 2

- ½ xícara de goma líquida de engomar roupas
- ½ xícara de cola branca
- Corante alimentício

Misture muito bem e guarde no refrigerador, em saquinho sem ar.

Meleca

Esta receita de meleca é excelente, porque não mancha, sendo facilmente removível com água. É uma forma divertida de as crianças passarem momentos muito alegres.

Receita 1

Primeira mistura

- ¼ de xícara de maisena
- 100 ml de cola branca

Segunda mistura

- ½ colher de chá de bórax
- ¼ de xícara de água quente
- Corante alimentício

Coloque a maisena numa tigela. Junte a cola e mexa, mas mexa muito bem, até se tornar bem homogênea. Deixe de lado. Numa outra tigela, misture a água quente, o corante alimentício e o bórax, também mexendo muito, mas muito bem, até dissolver completamente. Coloque a segunda mistura sobre a primeira mistura. Mexa por 2 minutos. Não pare de mexer, até que se forme a meleca cremosa e suave.

Receita 2

Primeira mistura

- 1 xícara de água
- 1 xícara de cola branca

Segunda mistura

- 3 colheres de sobremesa de bórax
- ⅔ de xícara de água
- Corante alimentício

Coloque a água numa tigela. Junte a cola e mexa, mas mexa muito bem, até se tornar bem homogênea. Deixe de lado. Numa outra tigela, misture a água, o corante alimentício e o bórax, também mexendo muito, mas muito bem, até dissolver completamente. Coloque a segunda mistura sobre a primeira mistura. Mexa por 2 minutos. Não pare de mexer, até que se forme a meleca cremosa e suave.

Cristais divertidos

Este projeto é uma combinação de arte com ciência, e todos vão gostar muito. As crianças não vão acreditar quando virem quão rápido se formam os cristais.

- 4 colheres de sopa de bórax
- 1 copo de água fervendo
- Barbante
- Lápis

Coloque a água fervendo numa tigela. Junte o bórax (se quiser fazer mais, use sempre 4 colheres de sopa de bórax para cada copo de água). Mexa muito bem. Amarre um pedaço de barbante num lápis e mergulhe o barbante na solução de bórax, apoiando o lápis na borda da tigela. Deixe durante uma noite.

Cristais de sal

- 4 colheres de sopa de sal fino
- 1 copo de água fervendo
- Barbante
- Lápis

Coloque a água fervendo numa tigela. Junte o sal e misture bastante, até que não se veja nenhum resíduo de sal (se necessário, filtre num coador de café). Amarre um pedaço de barbante num lápis e mergulhe o barbante na solução salgada, apoiando o lápis na borda da tigela. Coloque um peso na ponta do barbante (amarre uma pedra, por exemplo), para que ele não flutue.

Este processo demora até uma semana. Quanto mais quente a água, mais rápido os cristais vão se formar.

Magnetos divertidos

Se as bolachas murcharam, aproveite-as para fazer magnetos para a geladeira. Peça para as crianças pintá-las com tinta plástica. Depois de bem secas, passe esmalte transparente ou verniz. Cole um magneto pequeno atrás, com cola quente. Pronto. Você terá lindos magnetos para decorar sua geladeira. As crianças podem utilizá-los em porta-retratos ou porta-recados de metal, para segurar fotos ou bilhetes. Ou, ainda, use-os para presentear. Toda a família pode participar.

Tintas para pintar (para crianças bem pequenas)

Os pequenos adoram pintar, não é mesmo? Mas nossos problemas começam quando percebemos que as tintas mancham as roupas. Além disso, podem ser prejudiciais à saúde, pois é comum as crianças levarem tudo à boca. Então, aqui daremos algumas receitas de tintas para serem feitas por você. As crianças vão se divertir durante horas e sem perigo algum. Vamos lá?

Tinta para pintar (até mesmo com os dedos)

Receita 1

- 1 caixinha de pudim de baunilha
- Corante alimentício nas cores desejadas

Misture o pudim seguindo as instruções do fabricante. Leve ao fogo, mas retire antes de endurecer. Separe em potinhos e adicione os corantes para fazer tintas de várias cores. E deixe a criançada se divertir!

Receita 2

- 1 pacote de gelatina vermelha, verde, amarela, nas cores que desejar
- Água fervendo

Dissolva as gelatinas na água fervendo. Mexa até tomar a consistência de mingau. Dê às crianças para pintarem com seus pincéis em papel brilhante (*glossy paper*). Elas gostam do cheirinho e do efeito.

Receita 3

- ¼ de xícara de maisena
- 2 xícaras de água fria
- Corante alimentício de várias cores

Misture a água e a maisena muito bem, e leve ao fogo até engrossar. Quando esfriar, coloque em vários potinhos e adicione os corantes, para obter tintas de várias cores.

> **Para crianças com mais de 10 anos**
>
> **Mas atenção, garotada:**
>
> **sempre que for desenvolver qualquer trabalho que exija o uso de materiais perigosos, como tesouras, facas, tintas etc., peça a um adulto para acompanhar ou ajudar.**

Falso vitral

- Cola branca
- Água
- Tigela
- Cordões de limpar cachimbo (encontrados em tabacarias)
- Corante alimentício
- Copinhos descartáveis
- Bandejas de isopor (dessas descartáveis, usadas para embalar legumes ou frutas)

Proteja a superfície de trabalho com jornal. Dilua a cola branca em água (meio a meio), separe em vários copinhos e adicione o corante alimentício para obter várias cores. Pegue os cordões e modele em formatos variados: redondos, quadrados, espirais etc. O importante é não deixar o formato aberto, ou seja, as pontas devem se encontrar e fechar. Mergulhe os cordões nos potinhos. Combine em diversas formas e cores. Coloque-os sobre as bandejas para secar. Faça um móbile para pendurar na janela ou use para decoração.

Mosaico de papel

- Papéis de diversas cores
- Cartolina preta
- Cola e tesoura

Corte os papéis coloridos em pequenos pedaços. Cole-os sobre a cartolina preta, criando um quadro ou uma figura. Tente cobrir toda a cartolina preta de forma homogênea. Lembre-se de que essa técnica pode ser utilizada para decorar caixinhas de madeira, molduras de espelhos, quadros (crie cenários), capas de cadernos e o que mais vier à sua cabeça.

Quadro-mosaico de areia

- Tesoura
- Papel-cartão preto
- Cola branca
- Areia limpa
- Conchinhas

Corte um pedaço de papel-cartão do tamanho do quadro que você quer fazer. Com a cola branca dentro de uma bisnaga, vá desenhando galhos de flores, por exemplo, ou o que a sua imaginação mandar. Gentilmente, peneire a areia sobre o desenho. Coloque com cuidado para secar. Depois de seco, assopre ou espane devagar, com um pincel macio, para retirar o excesso de areia. Use as conchinhas ou pedrinhas de aquário, contas etc. para decorar as flores e borboletas (ou o desenho que você fez).

Mosaico em borboletas

- Papel de seda em várias cores
- Contorno de uma borboleta
- Papel parafinado
- Goma líquida para engomar tecidos
- Tesoura

Corte pequenos pedaços dos papéis de seda coloridos em diferentes formatos. Coloque o papel parafinado sobre o desenho da borboleta. Você verá perfeitamente os contornos sobre o papel. Usando a goma líquida, vá colando pedacinhos de papel de seda sobre o papel parafinado, criando um mosaico bem colorido. Mas não deixe de seguir os contornos da borboleta. Faça umas duas camadas de papel de seda. Não retire o desenho que está embaixo do papel parafinado. Deixe secar por uma noite. Com uma tesoura, recorte a borboleta, seguindo o desenho. Retire bem devagar o papel de seda. Você terá um lindo mosaico de borboleta que, pendurado na janela, trará lindos efeitos, quando a luz atravessar por ela.

Borboletas de cera

- Papel parafinado
- Pedacinhos bem pequenos de lápis de cera coloridos (se forem raspas, melhor)
- Tesoura
- Ferro de passar roupa

Desenhe uma borboleta no papel parafinado. Sobre uma superfície dura, coberta com uma toalha de banho velha, coloque o papel parafinado com o desenho da borboleta. Ligue o ferro na temperatura bem quente, mas sem vapor! Pegue os pedacinhos de lápis de cera coloridos e preencha as asas da borboleta. Cubra com outro pedaço de papel parafinado. Cubra tudo com um pano fininho, do tipo fralda, e passe o ferro bem quente até sentir que os papéis grudaram um no outro (o papel parafinado tem cera e por isso deve colar um ao outro) e que os pedacinhos de lápis de cera derreteram. Espere esfriar e recorte a borboleta no contorno. Desenhe a carinha. Coloque dois arames bem fininhos para servir de antenas, com uma pequena pérola colada nas pontas. Pendure na janela do seu quarto e tenha mais um lindo móbile.

Adesivos instantâneos

Parece que nunca temos adesivos suficientes, não é mesmo? Ou então, queremos fazer os nossos próprios, para serem diferentes daqueles que nossos amigos têm. Afinal, comprar, todos podem, mas e fazer os seus próprios? Você pode usar quaisquer figuras recortadas de revistas, papéis de presente e gibis; pode fazer no computador, utilizando *clip-arts* (são bárbaros, não é?) que, pela internet, você obtém gratuitamente. Com muita criatividade ainda pode pintá-los, colocar purpurina, *glitter*, tinta dimensional relevo, decorá-los de forma muito pessoal e especial. Então, vamos ver como é que se faz?

Receita 1

- Figuras, *clip-arts* etc.
- 2 colheres de sopa de gelatina em pó sem sabor
- 5 colheres de água fervendo
- Pincel

Dissolva a gelatina em pó na água fervendo. Mas misture muito bem mesmo. Com um pincel, passe cuidadosamente atrás de cada figura. Deixe secar. Seus adesivos instantâneos estão prontos. É só lamber e colar!

Receita 2

- 1 pacote de gelatina sem sabor
- 1 colher de sopa de água fria
- 3 colheres de sopa de água fervendo
- ½ colher de chá de xarope de milho Karo (ou açúcar)
- ½ colher de chá de extrato de hortelã, limão ou qualquer outro aromatizante alimentício para doces

Coloque a gelatina com a colher de água fria para hidratar. Deixe de lado. Ferva a água e coloque na mistura de gelatina, mexendo muito bem, até dissolver completamente. Retire do fogo e junte o xarope de milho e o extrato de aroma artificial alimentício, misturando muito bem. Passe com um pincel atrás das figuras e coloque para secar. Depois é só lamber (*hummmmm*) e colar. Guarde bem tampado. Se virar líquido, é só esquentar em banho-maria.

Porta-lápis gato na lata

Use uma lata que tenha tampa abre-fácil, pois assim não haverá perigo de se cortar.

Pinte a lata com tinta preta. Usando cartolina preta, corte o rabo e as duas orelhas. Se você tiver um pedaço de feltro preto, faça um tubo — que a mamãe pode costurar ou colar com cola quente — e coloque um arame por dentro. Dessa forma, você pode modelar o rabo como quiser. Cole o rabo e as orelhas. Pinte a boca e o nariz com tinta branca. Os olhinhos você pode pintar ou comprar aqueles móveis — são muito baratinhos — e colar. Faça os bigodes usando arame bem fininho, desses usados em floricultura, ou outro fio qualquer.

Uma palavrinha

Há um pequeno truque para pintar qualquer tipo de lata. Se você passar tinta plástica ou acrílica diretamente na lata, vai descascar logo. O correto é comprar um preparado chamado Super Galvite, e seguir direitinho as instruções do fabricante. Passe uma boa camada. Esse preparado vai deixar a superfície da lata pronta para receber qualquer pintura, sem perigo de descascar, certo?

Pet porta-lápis

Ainda utilizando latinhas (sempre aquelas com tampa abre-fácil ou tampa plástica, para não se machucar, certo?), você pode criar uma série de porta-lápis e porta-trecos, para você mesmo ou para presentear seus amigos.

Use tinta acrílica ou tinta plástica, cole olhinhos, faça focinhos com pompom, use feltro para rabos e orelhas móveis, faça a cara do seu bichinho de estimação, enfim, com a sua criatividade você vai transformar latinhas em verdadeiras obras de arte.

Tartaruga maluca e aranha zangada

Ainda usando latinhas, desta vez as de atum, você vai fazer uma aranha muito brava e engraçada. As longas patas você pode fazer com arame fino, recoberto de feltro, ou usar limpadores de cachimbo (comprados em tabacarias), pois são flexíveis. Nesse caso, pinte-os de preto. E com vários botões você faz sua própria tartaruga mascote. Faça as patas e a cabeça de cartolina ou feltro.

Moldura da saudade

Muito bem. Você está crescendo e aqueles brinquedinhos já não lhe servem mais. Mas dá dó jogá-los fora, não é mesmo? Também não dá para doar, porque estão faltando peças. Então, que tal colá-los numa moldura de fotos, quadro ou de um espelho, onde ficarão guardados de forma original e criativa?

Buble-Buble

E os pratinhos de papelão para servir bolos em festas? Dá para aproveitar? É claro que sim! Esta idéia vai surpreender seus amigos. Desenhando a carinha no pratinho, colando lã de tricô para os cabelos e colando uma bexiga no buraco que você vai deixar para a boca, é só colocar a máscara e assoprar forte.

Pipstick

Com cola branca se podem fazer muitos projetos. E este é um dos mais criativos. Você vai precisar de papel parafinado ou um pedaço desses plásticos de transparência; cola branca, corante alimentício e a figura que você quer reproduzir. Em primeiro lugar, separe um pouco de cola branca em vários copinhos descartáveis de papel. Usando corante alimentício, vá tingindo a cola branca, para ter várias cores. Coloque o papel parafinado ou plástico sobre a figura e prenda firmemente nas pontas, com fita crepe ou alfinetes pequenos. Agora, usando as colas coloridas, vá preenchendo cada figura. Se quiser, tinja uma de preto e faça as bordas do desenho usando uma bisnaga para contorná-lo. O importante é preencher totalmente a figura. Faça o mais colorido que puder. Deixe secar por 24 horas. Retire cuidadosamente o papel parafinado ou plástico, descolando com cuidado. Pronto! A sua figura está preparada para ser colada na sua janela.

Mosaico de grãos

Um quadrinho feito por você decora o seu quarto e ainda pode virar um presente muito legal para seus amigos. Use dessas bandejinhas de isopor. Corte um quadrado, faça um desenho simples a lápis e depois vá colando grãos de feijão de diversas cores, milho, ervilha etc. Este mosaico é um dos mais belos trabalhos e uma grande oportunidade para liberar toda a sua criatividade.

Um polvo de estimação

Com duas cores diferentes de lã de tricô, uma bola de isopor, cola, pedacinhos de feltro e olhinhos móveis, você faz um brinquedo que ninguém tem.

É mais fácil fazê-lo se você cortar 24 fios e alinhá-los sobre uma mesa. Coloque a bola de isopor bem no meio, puxe os fios sobre a cabeça e amarre. Os fios que ficarem soltos, você separa em grupos de três e faz uma trança em cada um. Amarre. Você terá as oito pernas do polvo (é por isso que ele se chama *octopus*, em inglês, porque tem 8 pernas). Cole os olhinhos, faça a boca com feltro ou cartolina, e pronto! Ninguém terá uma mascote como a sua.

O cofre do papai

Pode parecer um simples vidro cheio de parafusos, não é mesmo? Só que não é, não! É um cofre secreto para o papai. O segredo é colocar dentro do vidro um pedaço de rolo de papel toalha ou mesmo de papel higiênico. Aí, por fora, você enche de parafusos, para esconder bem o canudo que está lá dentro e que vai esconder o dinheirinho do papai. Na tampa, você cola várias voltas de uma corda e as letras para formar a palavra "papai". Com certeza, ele também terá tesouros para esconder neste falso pote de parafusos.

Tampas e potes

Vidros de comida para bebês, de maionese e outros são muito úteis para guardar todos os nossos pequenos tesouros. E uma forma muito legal de decorá-los é enfeitando as tampas com massinha para modelar. Use as receitas ensinadas neste livro para fazer a massinha. Estique-a bem, com um rolo de macarrão, ou até mesmo com uma garrafa. Modele sobre a tampa, medindo bem antes de colar com cola branca. Depois de colada, pegue parafusos e pregos e grude na massinha. Coloque para secar e depois pinte de prateado. Você pode usar vários outros tipos de objetos para grudar na massinha, inclusive macarrão de letrinhas, gravatinha etc.

Pedras para o jardim em caixas de *pizza*

Use caixas de *pizza* bem resistentes. Forre-a com plástico (pode usar saco de lixo) e coloque dentro alguns arames enrolados (pegue alguns pedaços compridos de arame e enrole em espiral — dois ou três são suficientes. Se não tiver, use cabides velhos de arame; eles é que vão dar firmeza à pedra — caso contrário, quebrariam fácil). Misture cimento com água, seguindo as instruções do pacote (você pode comprar pacotes de 1 kg em qualquer loja de material de construção; prefira os de secagem rápida). Despeje dentro da caixa de *pizza*, sobre os arames. Alise com uma colher de pau velha. Aguarde mais ou menos meia hora (ou até perceber que vai começar a endurecer), e então decore com pedras de aquário, bolinhas de gude, faça marcas com suas mãos ou pés, escreva frases etc. Aguarde 24 horas. Retire da caixa e lixe as bordas para ficarem mais lisas. Agora pode decorar seu jardim!

Armário secreto

Pegue uma caixa de fita de vídeo cassete. Abra e retire as abas da tampa, para que fique mais fácil de abrir. Você está fazendo um miniarmário. Agora, decore como quiser. Por exemplo: cole um pequeno espelho dentro da caixa; cole uma pequena caixa (pode ser de gelatina em pó) no lado de dentro da tampa para guardar lápis e pendure um bloquinho. Decore a tampa com rolhas e depois pinte. Faça um porta-chaves para a sua casa. Divirta-se!

Mascote de pedra

Uma linda joaninha de... pedra. O mais divertido é procurar e encontrar a pedra. Procure nos parques, nos jardins, na praia. Com certeza, a sua linda joaninha vai nascer.

Sal colorido

Aqui, o princípio é o mesmo das areias coloridas. Pegue sal (de cozinha mesmo) e separe em vários montinhos sobre uma folha de papel. Agora, pegue seus lápis de cera, da cor que quiser, retire o rótulo e vá esfregando sobre o sal. Você vai perceber que o sal ficará com a cor do lápis. Repita com outras cores. Com um funil, despeje o sal colorido dentro de um pote de vidro. Faça várias camadas, uma de cada cor. Você pode montar lindos desenhos. E até imitar um *milk-shake!*

Jogo do você sabia

Você sabia?

- Que o bambu é a planta que mais cresce no mundo? Existem mais de 1.500 espécies, e há uma, no Japão, que chega a crescer 120 cm em um dia!
- O peso da terra? Eu nem sei falar, mas a resposta é: o número 6 seguido de 21 zeros, ou seja, 6.000.000.000.000.000.000.000!
- Que a palavra *senha* é uma senha? É o seguinte: há muito tempo, quando os agentes secretos precisavam se comunicar, utilizavam telefones convencionais (não havia os celulares, computadores, ou seja, toda essa parafernália tecnológica de hoje), mas tinham de dizer um código ao telefone, para se identificarem como agentes secretos; isso, sem dizer que eram agentes secretos, certo? Então, preste atenção: eles diziam a palavra *senha*, que quer dizer *secret name of heroes in action* (ou seja, nome secreto de heróis em ação).
- Que a pele é um órgão do corpo humano? E que é o único órgão que nunca pára de crescer? E que um homem, adulto, tem 4 m^2 de pele?
- Que não importa o tipo ou espessura, ninguém consegue dobrar um papel ao meio mais de 9 vezes? Tente!
- Que a velocidade do ar num espirro é de 45 km/h?
- Que tamanho não quer dizer nada, não é mesmo? Pois veja só: o coração de um rato chega a bater até 650 vezes por minuto, enquanto o da baleia atinge somente 9 por minuto!
- Que o maior inseto do mundo é a libélula gigante, que tem 1 metro de envergadura, de asa a asa?
- Que a maior ilha do mundo é a... Groenlândia?

- Que respiramos aproximadamente 12 milhões de vezes em um ano?
- Que o grafite existente num lápis comum daria para fazer uma linha de 15 km ou escrever 45.000 palavras?
- Que se você esticasse o fio de ½ kg de uma teia de aranha daria para dar a volta ao mundo?
- Que o sangue leva de 60 a 90 segundos para dar uma volta completa pelo corpo?
- Que uma pulga pode pular até 60 vezes o seu tamanho?
- Que quando os americanos pedem socorro, quando estão em navios ou aviões de guerra, eles dizem *mayday*, não sabia? Mas você sabe por quê? Na verdade, *mayday* não quer dizer *dia de maio* (que seria a tradução do inglês para o português). *Mayday* é uma palavra derivada do francês *m'aidé*, que quer dizer: me ajude!, me socorre!
- Que só o sentido da visão ocupa 40% do nosso cérebro? É o sentido ao qual o cérebro dedica sua maior parte!
- Que um guepardo tem aproximadamente 20.000 manchas na pele?
- Que o corpo tem fósforo suficiente para fazer 2.000 cabeças... de fósforo?
- Que em condições normais e adequada visibilidade o olho humano pode enxergar, à noite, a chama de um palito de fósforo a 60 km de distância?
- Que o *chip* — circuito integrado que permite a miniaturização dos equipamentos eletrônicos — foi criado em 1958?
- Que o primeiro computador pessoal foi o Apple I, inventado em 1976 pelos americanos Steve Jobs e Stephan Wozniak? E que foi em 1981 que a IBM lançou o primeiro PC (*personal computer*) ou microcomputador pessoal com o sistema operacional MS-DOS, elaborado pela Microsoft?
- Que a internet surgiu nos Estados Unidos, na década de 1960, época da Guerra Fria, como uma rede de informações militares? E que foi entre a década de 80 e o início dos anos 90 que a rede foi aperfeiçoada? Que, em 1991, surgiu o www, o *World Wide Web*, que viabilizava a transmissão de imagens, som e vídeo pela rede?
- Que uma vaca pesa aproximadamente 800 kg e produz cerca de 10.000 litros de leite por ano?

- Que em Júpiter, o maior dos planetas do sistema solar, o dia dura 9h50min e o ano 4.332 dias terrenos?
- Que a temperatura do Sol, externamente, é de 5.700°C, e, internamente, de 27.000.000°C?
- Que no mundo existem pelo menos 2.800 idiomas, chegando a quase 10.000, se incluirmos dialetos e variações regionais de uma mesma língua? E que os idiomas mais falados no mundo são: mandarim (China e Formosa), inglês, hindi (Índia), espanhol, russo, árabe, português, indonésio e japonês?
- Que no Caribe existem 12 países, ou seja, Antígua e Barbuda, Barbados, Cuba, Dominica, Granada, Haiti, Jamaica, República Dominicana, Santa Lúcia, São Cristóvão e Névis, São Vicente e Granadinas, e Trinidad e Tobago? E que os outros 10 — Anguilla, Antilhas Holandesas, Aruba, Guadalupe, Ilhas Cayman, Ilhas Virgens Americanas, Ilhas Virgens Britânicas, Martinica, Montserrat e Porto Rico — são, na verdade, territórios pertencentes a outros países?
- Que o lugar mais seco do mundo é o deserto de Atacama, no Chile; o mais quente é em El Azizia, na Líbia (atingindo 58ºC); o mais frio é em Vostok, na Antártica (atingindo -89ºC) e o mais chuvoso é o Monte Waialeale, no Havaí (onde chega a chover 350 dias por ano)?
- Que a rede ferroviária dos Estados Unidos é tão extensa que quase chega à distância entre a Terra e a Lua (278.000 km contra os 300.000 km que nos separam da Lua)?
- Que a Coca-Cola nasceu como um remédio contra enjôos, criado por John S. Penterton, em 1886, e que o primeiro a experimentar a bebida, Jacob Pharmaey, a achou muito doce e por isso juntou a ela água gasosa, e que ficou tão bom que ele decidiu comercializá-la?
- Que a água pura não conduz eletricidade; o sal também não conduz eletricidade; mas que a água salgada conduz eletricidade? E que não podemos usar nenhum equipamento elétrico quando estamos mergulhados na banheira (como o secador de cabelos, por exemplo) porque o nosso suor torna a água salgada?
- Que a primeira anestesia só foi aplicada num paciente no início do século 19 por Robert Liston, que amputou a perna de um paciente usando narcótico?
- Que *geração* é um período correspondente a 25 anos e que cada século, portanto, compreende quatro gerações?

- Que o primeiro jogo da Seleção Brasileira de Futebol aconteceu em 21 de julho de 1914 contra o Exeter City, clube da Inglaterra, e que os brasileiros venceram por 2 x 0?
- Que as sete maravilhas do mundo antigo são: as pirâmides do Egito (ainda existem); a estátua de Zeus (destruída por um incêndio); o colosso de Rodes (destruído por um terremoto); o túmulo do rei Mausolo (destruído por um terremoto); o templo de Ártemis (destruído duas vezes: por um incêndio e pelos godos); o farol de Alexandria (destruído por um terremoto) e os jardins suspensos da Babilônia (ainda não se sabe)?
- Que se fosse possível fazer uma corda só com cabelos, ela suportaria um peso de 2.250 kg?
- Que a maior montanha-russa do mundo fica no Texas, chama-se Texas Giant, e é de madeira? E que na sua construção foram gastas 10 toneladas de pregos?
- Que as montanhas-russas mais radicais do mundo são:
    - em 5.º lugar a Incredible Hulk Coaster, construída em Orlando, que atinge velocidade de 90 km/h (com um impulso equivalente ao de um avião-caça F-16);
    - em 4.º lugar a Goliath, construída na Califórnia, que atinge a velocidade de 127 km/h;
    - em 3.º lugar, empatadas, a Beast e a Son of Beast, em Ohio, que atingem 117 km/h, mas que são de madeira (a Son of Beast também é a mais alta montanha-russa de madeira do mundo, com 66 metros de altura);
    - em 2.º lugar a GhostRider, também construída na Califórnia, que atinge 95 km/h (em segundo lugar porque o espaço por onde corre é menor, significando que ela se entrecruza por dentro de si mesma), dá um *looping* completo e também é de madeira;
    - em 1.º lugar a Millenium Force, construída em Ohio, atinge 138 km/h, tem uma queda de 92 metros e é a mais veloz e a mais alta do mundo (mais alta do que a Estátua da Liberdade)? Inaugurada em 2000, ela custou 25 milhões de dólares.

- Que a chamada telefônica de maior distância já realizada foi a de Washington, nos Estados Unidos, para a Apolo 11, na Lua? Ela percorreu 400.000 km!!!

- Que algumas espécies de tubarões chegam a ter 27.000 dentes, por causa das perdas e trocas freqüentes, bem como por causa das várias arcadas dentárias?
- Que a tarântula — uma espécie de aranha muito perigosa — pode ficar até dois anos e meio sem comer?
- Que o *ketchup* foi inventado no século 18 e, como a Coca-Cola, vendido inicialmente como remédio?
- Que o maior território ainda não explorado neste planeta é o fundo do mar?
- Que uma vaca rumina durante 18 horas por dia?
- Que o pingüim é o único animal que não sente cheiro algum?
- Que o papel higiênico foi inventado somente em 1871?

Mil e uma coisas

Você pode fazer um montão de coisas com:

Bicarbonato de sódio

1. Substituir massa corrida, se precisar preencher algum furo, misturando uma colher de bicarbonato de sódio com uma colher de cola branca, até formar uma pasta. Use os dedos para preencher o buraco.
2. Limpar objetos cromados, esfregando bicarbonato de sódio com um pano seco.
3. Remover manchas nas pias de aço inoxidável, esfregando bicarbonato de sódio com uma esponja úmida, ou manchas na cafeteira de vidro, em xícaras e bules de chá, com ¼ de xícara de bicarbonato e ¼ de xícara de água quente.
4. Eliminar o mau cheiro do vaso sanitário, jogando nele uma xícara de bicarbonato uma vez por semana, ou do guarda-roupa, mantendo nele uma caixa de bicarbonato aberta. Acaba também com o odor de urina de gatos, fazendo-se uma pasta com água. Cubra a urina com a pasta, deixe por várias horas, se possível, durante a noite. Depois, passe o aspirador de pó.
5. Aliviar dor de queimaduras de sol, aplicando uma pasta de bicarbonato de sódio e água para acalmar e esfriar a área.
6. Limpar as teclas brancas do piano. Serve também para objetos de prata.
7. Remover marcas de sapatos do piso de vinil. Passe um pouco de bicarbonato de sódio com uma esponja úmida.
8. Remover o cheio de leite azedo de garrafas plásticas. Encha-as com água morna, adicione uma colher de chá de bicarbonato, agitando bem e deixando por toda a noite. Enxágüe no dia seguinte.

9. Desinfetar as fraldas do bebê, mergulhado-as numa solução de ½ xícara de bicarbonato dissolvida em 2 litros de água.

Canela

1. Dar um gostinho muito especial no café. Para isso, salpique canela em pó junto ao pó de café antes de coar. Experimente polvilhar canela sobre a espuma do chocolate quente com leite.
2. Aquecer o corpo nos dias frios, polvilhando um pouquinho de pó de canela na canja de galinha.
3. Preparar frutas grelhadas quando fizer um churrasco. Coloque pedaços de maçãs, pêssegos e abacaxis para grelhar. Salpique com uma mistura de açúcar, canela e baunilha antes de servir.
4. Fazer maçãs assadas com um sabor todo especial, polvilhando-as com canela e açúcar mascavo.
5. Fazer uma bebida quente muito especial: adicione uma colher de café de canela em pó a uma xícara de creme de leite. Junte uma colher de café instantâneo, açúcar e água quente. Bata no liquidificador e delicie-se.
6. Dar cor aos bolos assados em microondas. Encha um saleiro com canela misturada com açúcar. É excelente para untar a forma do bolo e também para salpicar sobre panquecas doces e pão-do-céu.
7. Espalhar um cheirinho gostoso no ar. Faça um aromatizante de ambiente com paus de canela, cascas de laranja, pimenta-da-jamaica seca e cravos fervidos num pouco de água. O aroma irá se espalhar pelo ambiente.
8. Ajudar a fechar um pequeno corte e a diminuir a dor. Lave o ferimento com cuidado e espirre um pouquinho de pó de canela sobre ele. Enfaixe depois. Estudos recentes apontam a canela como uma especiaria de efeito naturalmente antibacteriano e anestésico.
9. Matar fungos. É só espalhar pó ou pau de canela ao redor das plantas.
10. Limpar tapetes e carpetes, misturando pó de canela a bicarbonato de sódio. Salpique a mistura sobre o tapete ou carpete antes de passar o aspirador de pó.

Embalagem de filmes fotográficos

1. Guardar o brilho para lábios feito por você. Pegue a receita no capítulo “Os segredos dos melhores *spas* do mundo” e use o potinho de filme para colocar a mistura.

2. Fazer um agulheiro. Costure uma almofadinha de feltro, redonda, bem fofinha, e cole na tampa do potinho. Você pode caprichar ainda mais, colando uma renda franzida em volta. Você usa como almofadinha para suas agulhas e ainda guarda os alfinetes e agulhas restantes.
3. Preparar os enfeites de Natal. Faça dois pequenos furos na tampa de maneira que possa atravessar um cordão dourado ou prateado entre eles, formando uma alça. Dentro da latinha coloque balinhas, chocolatinhos ou brinquedos pequenos. Decore por fora com purpurina dourada, pérolas, estrelinhas, pedrinhas coloridas. Pendure na árvore de Natal para dar de presente para as crianças pequenas.
4. Improvisar um estojo de manicure de viagem. Coloque um pedaço de espuma dentro da latinha. Encharque bem com removedor de esmalte. Tampe firmemente. Se precisar refazer a manicure, o removedor estará à mão.
5. Montar um pequeno estojo de pronto-socorro. Coloque bolinhas de algodão, alguns curativos e um vidrinho pequeno (desses de amostra de perfume) com um líquido antisséptico dentro.

Fluido para isqueiro

1. Remover rótulos e etiquetas de quase todas as superfícies, adesivos de carros e janelas, marcas de lápis de cera.
2. Tirar manchas de graxa e de óleo em roupas, marcas pretas de borracha no carpete e de fita adesiva.

É importante lembrar que, embora possa ser usado em quase todos os tipos de superfície, deve-se sempre testar antes. É um líquido altamente inflamável. Mantenha longe do fogo e das crianças. É barato e fácil de achar. Você, com certeza, vai descobrir uma série de coisas que podem ser feitas com um simples fluido para isqueiro.

Galhos de árvores

1. Produzir molduras de porta-retratos e espelhos, colando os galhinhos em volta.
2. Usar como varão de cortina, se o galho for grande.
3. Cobrir uma floreira simples, de plástico, com galhinhos bem alinhados, usando cola quente; ou caixinhas, que podem virar lindos porta-jóias.

Spray para cabelos

1. Para fazer um lindo papel de presente, borrife o jornal com *spray* de cabelo. O spray dará ao jornal uma superfície brilhante e impermeabilizada.
2. Preservar pétalas de flores e folhas de outono.
3. Remover manchas de tinta de superfícies de vinil. Borrife a mancha e depois esfregue com um pano. Lave normalmente. Remove também cola seca.
4. Passar a linha pela agulha com mais facilidade. Borrife *spray* no buraco da agulha.
5. Preservar trabalhos com giz. Borrife-os com uma camada de *spray* e eles não desbotarão.
6. Proteger cobre e latão de manchas. Quando terminar de polir seus objetos, borrife uma fina camada de *spray* para cabelos.
7. Matar insetos. Se surgir um inseto indesejável e você não tiver inseticida, borrife *spray* de cabelo nele. Suas asas vão colar e ele cairá no chão.
8. Segurar o fio da meia de seda em caso de emergência. Se o fio da meia desfiar, use um pouquinho de *spray* para que pare de correr.

Presentes que não custam nada

Presentes não têm de ser caros. Alguns dos melhores presentes que você pode dar para alguém não têm preço nem estão nas lojas. Seja generosa. Distribua graciosamente presentes que não custam um centavo.

- *O presente de ouvir.* Mas você deve realmente ouvir. Não interrompa. Não devaneie. Não fique planejando como dar uma opinião inteligente. Apenas ouça!
- *O presente da afeição.* Seja generosa em abraços, beijos, palmadinhas sinceras nas costas e apertos de mão carinhosos. Deixe essas pequenas ações demonstrarem o amor que você tem para com a sua família e seus amigos.
- *O presente de rir.* Recorte tiras engraçadas. Divida as histórias divertidas. Conte situações e momentos descontraídos. Seus amigos e familiares dirão: "Gosto de sorrir com você".
- *O presente de escrever.* Pode ser um versículo oportuno. Pode ser um cartão dizendo "sinto muito". Uma breve nota escrita à mão pode ser lembrada a vida toda.
- *O presente de um cumprimento.* Um cumprimento sincero pode mudar o dia de alguém. Pode ser um simples e sincero "você está ótima de vermelho", "parabéns pelo excelente trabalho" ou ainda "que refeição deliciosa".
- *O presente de um favor.* Saia do seu caminho de vez em quando para prestar um favor a alguém.
- *O presente de ser agradecido.* Uma excelente forma de se sentir bem e fazer os outros se sentirem bem é dizer "muito obrigada". Não importa o que ou o tamanho do que você recebeu.
- *O presente da solidão.* Às vezes, tudo o que alguém precisa é ser deixado sozinho. Seja sensível e dê esse presente quando sentir que alguém precisa ficar só; só com Deus.

(Traduzido e adaptado/Autor desconhecido)

PARTE 4

Os segredos dos *spas*

Ervas e óleos

Produtos

Dicas

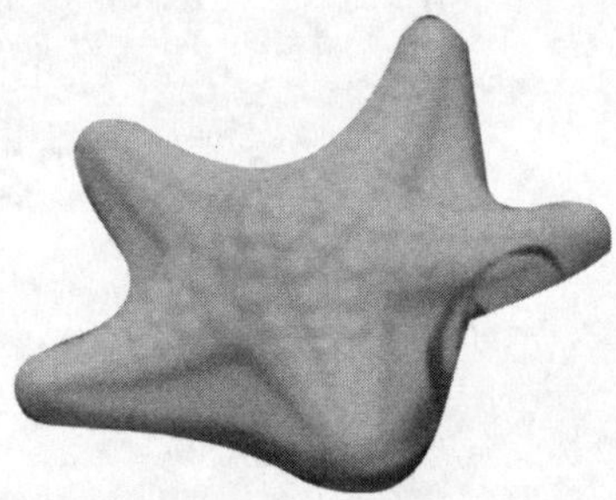

Os segredos dos melhores *spas* do mundo

Você já reparou como costumamos valorizar o que custa caro? Bem, isso funciona em algumas áreas de nossa vida, mas não em todas. No caso de cosméticos, por exemplo, temos orgulho em dizer que usamos esta ou aquela marca, mas ainda não temos o orgulho de dizer que nós os fizemos e que os resultados são exatamente os mesmos ou até melhores.

Eu sei que é difícil acreditar. Eu mesma já fui assim. Para mim, só tinha valor o que viesse em embalagem luxuosa, carimbado com uma marca muito famosa. Mas é um engano e nós podemos mudar isso.

Dentro do nosso propósito, que é o de tornar a vida mais simples e divertida, valorizando o que realmente tem importância, edifica e permanece, que tal tentarmos fazer nossos próprios cosméticos?

Você vai amar. Seja você mesma a química, a perfumista. Faça suas próprias combinações, componha as fórmulas especialmente para você, porque você é especial e única. Use embalagens bonitas. Frascos delicados. Já que não está gastando um absurdo, compre vidros bonitos ou cristais, se puder. Enfeite-os com flores e laços. Agrade-se!

Vou ensinar-lhe os segredos dos melhores *spas* do mundo. Você acha que eles compram dessas marcas caríssimas? É tudo feito por eles. E você não precisa ir até um *spa* para se tratar, mimar-se e cuidar-se com eficiência. Não precisa investir um absurdo ou reformar todo o seu banheiro para desfrutar dos benefícios de um banho relaxante.

Mesmo que seu banheiro seja minúsculo, espalhe um pouco de aromatizador de ambiente com o seu aroma predileto. Faça bolsas na cortina e coloque ramos de eucalipto, alfazema, hortelã. Aromas maravilhosos e relaxantes vão se desprender. Coloque um vaso com rosas frescas no banheiro ou espalhe pétalas de rosas entre toalhas de banho felpudas. Invista num roupão macio e absorvente, de preferência branco, com as suas iniciais.

Uma pequena mesa ou banquinho já é suficiente para colocar tesouros trazidos de viagens, como conchas, estrelas-do-mar e outros objetos que recordem ou a levem a calmos e agradáveis momentos. Vamos lá?

Ervas

Há um mundo de receitas com ervas que podem ser feitas por você mesma. Nessas receitas, há ingredientes que talvez não conheça, como essências para perfume, que são diferentes da essência alimentícia, corante alimentício, extratos glicólicos, ácido cítrico, óleos essenciais, óleos carreadores, fixadores, base de glicerina, lanolina. Sobre ervas e óleos essenciais, bem como suas qualidades, utilidades e contra-indicações, você pode saber mais lendo o capítulo seguinte.

É muito fácil encontrar esses produtos. Há lojas especializadas em todo o Brasil. Entre em *websites* de busca e encontrará diversas lojas que distribuem todo o material necessário para a fabricação de sabonetes, xampus, condicionadores, velas. Essas lojas geralmente têm como despachar para qualquer parte do país.

Neste capítulo, há também o passo-a-passo das infusões e tinturas de ervas indicadas.

De maneira geral, a proporção de líquido e ervas é de quatro colheres de sopa da erva fresca ou duas colheres de sopa da erva seca para cada litro de água.

Além das dicas sobre a compra dos produtos, valem estas aqui também:

- Quando as ervas forem frescas, certifique-se de que não foram cultivadas com pesticidas, pois isso afetará a qualidade de sua produção. Prefira as cultivadas organicamente.
- Lave sempre muito bem as ervas frescas antes de utilizá-las. Lave muito bem as mãos também.
- Não use panelas de alumínio.
- Não toque nos preparados.
- Guarde sempre o produto em recipientes de vidro esterilizado. Para isso, ferva-o por 10 minutos, no mínimo.
- Use só água mineral, água fervida e filtrada ou água destilada.

Uma palavrinha

- Quando estiver fazendo seus preparados de ervas no fogo, mantenha a panela tampada todo o tempo, para que o aroma e as substâncias fiquem no preparado e não evaporem.

- Para abafar, coloque um pano dobrado sobre a panela ou recipiente após retirar do fogo. Depois tampe.
- Respeite as medidas. Seguem alguns exemplos que podem ajudar.

Medidas

É sempre bom conhecer as conversões aproximadas das medidas mais comuns, pois o trabalho fica bem mais simples. Elas ajudarão na elaboração de várias receitas.

Equivalência aproximada em gramas para ervas	Equivalência aproximada para líquidos
2 gramas equivalem a 1 colher de café	1 ml equivale a 20 gotas
15 gramas equivalem a 1 colher de sopa	50 ml equivalem a 1 xícara de café
100 gramas equivalem a 1 copo americano cheio	100 ml equivalem a 1 xícara de chá

Conservação

Faça pequenas quantidades, guardando na geladeira, pois são produtos naturais. As fórmulas — quando não informado — devem durar por, no máximo, duas semanas. Como são produtos naturais, pode ocorrer separação dos ingredientes durante o repouso. Não há problema: mexa bem e os cremes ou bálsamos irão adquirir uma suave consistência de musse.

Embalagem

Vidros de comida para bebês são excelentes embalagens. Ferva-os bem antes de usar. Guarde os recipientes de lenços umedecidos para bebês, pois vai usá-los ao fazer lenços umedecidos adequados ao seu bebê e também para sua higiene pessoal.

Preparação

Muitas fórmulas necessitam de banho-maria. Nunca use panelas de alumínio ou antiaderente. Prefira as de vidro, ágata ou aço inoxidável.

Cuidados

Não importa o que seja. Faça sempre um teste antialérgico antes de usar o produto, passando o preparado na parte mais fina e sensível do braço. Aguarde algumas horas. Se não aparecer nenhuma irritação, vá em frente.

Instruções para massagens

As massagens corporais são extremamente benéficas para adultos e bebês. É muito importante, contudo, observar a seguinte regra: comece sempre de baixo para cima, dos pés ou das extremidades das mãos em direção ao coração, com movimentos firmes e circulares.

Se você é adepta da homeopatia, não use preparados com cânfora sem antes falar com seu médico. A cânfora pode eliminar o efeito de alguns preparados homeopáticos.

Os métodos mais utilizados

Infusão

Utiliza-se para as partes macias da planta, como flores, folhas e frutos. Coloque a erva num recipiente e sobre ela despeje água fervendo. Abafe bem com um pano dobrado, para que não se percam suas propriedades terapêuticas. Deixe em repouso por, no mínimo, 15 minutos. Coe antes de usar.

Decocção

Utiliza-se para as partes mais duras da planta, como raízes, cascas, rizomas e sementes. Coloque a erva num frasco esmaltado ou de vidro com água fria. Deixe de molho por 30 minutos, mantendo sempre tampado. Ferva por 20 minutos. Abafe, deixe repousar por 10 minutos e coe.

Tisana

Coloque a erva em água já fervendo. Cozinhe por 5 minutos com a panela muito bem tampada. Abafe, deixe descansar por 10 minutos e coe.

Maceração

Neste método, vitaminas e sais minerais são mais bem preservados. Não deixe de filtrar e use o preparado macerado sempre em pequenas quantidades.

Deixe a erva de molho em líquido frio, como água, vinho, óleo ou vinagre. O tempo de maceração deve seguir esta tabela:

Tempo	Material
10 horas	folhas e flores
15 horas	cascas, talos e sementes
24 horas	raízes e rizomas

Atenção: se a maceração for em água, é melhor utilizá-la rapidamente, porque, depois de 12 horas, pode haver proliferação de bactérias.

Tintura

Corte as ervas de forma grosseira, triture-as, amassando bem e coloque num vidro escuro (âmbar) com tampa hermética. Adicione álcool de cereais ou vodca até cobri-las. Deixe por duas semanas, agitando duas vezes por dia. Depois filtre e guarde longe da luz. Não use tinturas diretamente na pele. Dilua sempre, conforme recomendado na receita que estiver seguindo. Caso contrário, misture com o dobro de água mineral.

Uma outra receita para obter 100 ml de tintura é colocar 10 g de erva seca (ou 20 g de erva fresca) e triturar no liquidificador com 80 ml de álcool de cereais. Transfira para um vidro escuro e deixe em repouso por cinco dias, agitando diariamente. Coe e adicione mais álcool de cereais até completar 100 ml.

Extrato

O extrato é um preparado muito concentrado e difícil de ser obtido de forma caseira. Por isso, recomendo comprá-lo pronto em lojas especializadas em matérias-primas para cosméticos, sabonetes e essências.

Ungüento

Pode ser feito de três maneiras:

1. Para extrair ao máximo as propriedades das ervas, elas deverão ser cozidas no óleo vegetal em banho-maria por aproximadamente 3 horas. Tenha sempre o cuidado de cobrir as ervas com 2 cm a mais de óleo. Somente no final das 3 horas é que deve ser acrescentada a cera de abelha.

2. Ao resultado da infusão, decocção ou maceração de uma erva, adicione preferencialmente óleo de oliva e cozinhe em fogo lento até a água evaporar por completo. Adicione um pouco de cera de abelha para dar consistência firme.

3. Utilize a erva fresca ou seca sem fazer antes infusão, decocção ou maceração. Em panelinha de vidro, cobre ou esmalte, coloque 50 g de óleo vegetal (gergelim, amêndoa ou uva) em banho-maria. Junte uma colher de sopa de cera de abelha e deixe derreter. Ao esfriar um pouco, junte a erva bem picadinha ou esmagada. Se as ervas esti-

verem frescas, deixe-as ao ar livre antes, para murcharem e perderem água.

Para conservar o ungüento por mais tempo, adicione uma gota de tintura de benjoim para cada 30 g ou então uma colher de chá de óleo de germe de trigo, que também age como conservante.

Um dos problemas é descobrir a quantidade correta de cera de abelha, para obter a consistência desejada. O ideal é experimentar com uma colher, colocando um pouquinho do preparado numa superfície fria e observar.

Pomada

As pomadas são feitas com matérias-primas mais gordurosas, como a banha vegetal e manteiga de cacau.

Cataplasma

A cataplasma é geralmente quente, e a mistura colocada entre dois pedaços de pano (tipo fralda). Adiciona-se a erva após passar por uma infusão ou tintura. Utilize, se possível, ervas frescas ou em pó para o preparado.

Loção

Adicione 1 parte de chá de ervas em infusão ou decocção com ¼ da mesma quantidade de álcool de cereais.

Vinagre

Utilize o vinagre de vinho branco ou vinagre de maçã. Leve ao fogo e, quando estiver quase fervendo, derrame sobre as ervas bem amassadas até cobri-las. As ervas deverão ficar em vidro escuro. Abafe. Quando esfriar um pouco, feche bem o vidro, deixe descansar por trinta dias. Filtre antes de usar.

Pó

O pó é utilizado como veículo de diversos preparados. Separe as partes desejadas da planta. Proceda a secagem no forno ou de acordo com as instruções específicas para a erva. Triture em processador até obter a granulação desejada.

Óleos concentrados

Se tiver dificuldades para conseguir os óleos essenciais, utilize óleos concentrados. O mais importante é a escolha certa da erva ou flor, prestando atenção na descrição, espécie, bem como de que parte da planta foi extraído o óleo essencial.

O óleo concentrado é muito eficaz quando associado ou não a outros óleos em massagens, máscaras, cremes e demais preparados cosméticos. Em geral, a proporção é de uma parte da erva ou flor fresca ou seca para cinco de óleo. As ervas ou flores devem ser trituradas, de preferência no próprio recipiente em que ficarão em repouso. Vidros de maionese ou de alimentos para bebê são excelentes recipientes para guardar o produto.

Lembre-se de verificar o nome científico das ervas que vai utilizar. Essa precaução deve direcionar seus preparados. Minha dica é que você use ervas ou flores secas, pois nelas há indicação do nome científico e, assim, não é possível errar.

Outra dica é sempre utilizar um conservante natural para preservar os óleos concentrados. A tintura de benjoim, comprada em farmácias, é um preservativo natural. Algumas gotas são suficientes. Na falta, use óleo de germe de trigo e vitamina E, pois são antioxidantes. Não são a mesma coisa, mas ajudam. O ideal mesmo é fazer pequenas quantidades, para não ter de guardar por mais de dois meses.

Método rápido para preparação de óleos concentrados

Triture a erva dentro de um vidro escuro esterilizado, cubra com a quantidade do óleo indicada para o seu tipo de pele ou problema. Na dúvida, use óleo de canola, amêndoa ou oliva. Tampe e coloque em banho-maria por 3 a 4 horas, em fogo baixo.

Não deixe a água nem o óleo ferverem. Adicione, se preciso, água fria no recipiente. Após esfriar, para conservá-lo por mais de dois meses, adicione 15% de óleo de germe de trigo, ou uma colherinha de café de tintura de benjoim, ou uma cápsula de vitamina E.

Coe, espremendo bem o resíduo, e depois filtre, utilizando pano de fralda, fininho, ou filtro de café. Guarde em vidro bem fechado, em lugar escuro, fresco e seco.

Óleo aromático a frio

Coloque num vidro esterilizado, no mínimo, quatro camadas alternadas de sal grosso e da erva ou flor seca bem amassada com as mãos. Quando faltar uns dois dedos, complete com óleo vegetal (germe de trigo, amêndoas doces). Feche com tampa de rosquear e deixe descansar por um mês. Filtre e utilize.

Produtos de beleza, higiene pessoal e relaxamento

Colônia de água de rosas

- 180 ml de vodca
- 20 ml da água de rosas
- 120 gotas de essência de rosas

Misture todos os ingredientes. Passe por um coador de café de papel. Coloque em vidro escuro esterilizado e deixe descansar por três dias.

Lenços umedecidos para bebês ou para higiene pessoal

Receita 1

- ½ rolo de papel-toalha
- ⅕ de colher de sopa de xampu para bebês
- ¼ de colher de sopa de óleo de amêndoas doces ou de girassol
- 2 xícaras de água morna

Compre um papel-toalha de boa qualidade, corte ao meio, retirando antes o centro de papelão. Misture muito bem os ingredientes. Coloque a metade do rolo num recipiente e cubra com a mistura. Deixe por uma noite. Retire e coloque numa embalagem própria para isso. Se adicionar 8 gotas de óleo essencial de lavanda, seus lenços umedecidos ficarão antissépticos.

Receita 2

- 1 rolo de papel-toalha de boa qualidade
- 2 xícaras de água quente (sem ferver)
- 2 colheres de sopa de xampu para bebês
- 1 colher grande de óleo para bebês

Corte o rolo ao meio, retirando antes o centro de papelão. Coloque uma metade dentro de um recipiente grande o suficiente para caber inteiro e que tenha tampa.

Misture todos os ingredientes, sem deixar fazer espuma. Despeje sobre o rolo, tampe firmemente o recipiente e vire de cabeça para baixo. Deixe por 10 minutos. Desvire. Tenha a certeza de que todas as folhas umedeceram. Retire a folha da parte interna do rolo.

Travesseiros de ervas

Cuidados especiais

Faça pequenas almofadas para colocar por baixo da fronha do travesseiro convencional e use apenas por 1 ou 2 horas. Não é recomendável dormir a noite toda com um travesseiro de ervas. Utilize apenas ervas secas. Coloque os minitravesseiros de ervas no sol a cada quinze dias.

Para crianças pequenas, use 50% das quantidades indicadas.

Travesseiro contra insônia

- 25 g de camomila (*Chamomilla matricaria L.*)
- 5 g de aquiléia (*Achillea millefolium*)
- 25 g de capim limão (*Cymbopogon citratus*)

Complete com flocos de espuma ou algodão.

Travesseiro contra sinusite

- 25 g de tomilho (*Thymus vulgaris*)
- 5 g de eucalipto (*Eucalyptus globulus*)
- 25 g de menta (*Mentha piperita*)

Completar com flocos de espuma ou algodão.

Travesseiro contra dores de cabeça

- 25 g de alfazema (*Lavandula officinalis*)
- 5 g de hortelã (*Mentha piperita*)
- 25 g de aquiléia (*Achillea millefolium*)

Complete com flocos de espuma ou algodão.

Travesseiro calmante

- 25 g de alfazema (*Lavandula officinalis*)
- 5 g de capim-limão (*Cymbopogon citratus)*
- 25 g de erva-doce (*Pimpinella anisum*)

Complete com flocos de espuma ou algodão.

Vaselina

- 60 g de cera de abelha
- 1 xícara de óleo de amêndoas, canola ou girassol

Derreta a cera de abelha em banho-maria. Retire do fogo, adicione o óleo e mexa até esfriar.

Produtos para os cabelos

Limpeza total

Com a vida corrida que levamos, é comum percebermos que os cabelos, após algum tempo, estão murchos, sem vida e sem brilho, apesar dos cuidados. Se isso acontecer, siga esta dica: lave o seu cabelo com o xampu que usa sempre. Enxágüe. Lave novamente, só que agora misture uma colher de chá de bicarbonato de sódio ao xampu, na sua mão ou num frasco à parte. Massageie suavemente por alguns minutos. Enxágüe muito bem. Seus cabelos vão ficar limpos, cheirosos e brilhantes. Deixe secar ao natural. Faça isso uma vez por mês, e use o seu condicionador normalmente após este procedimento.

Xampu para dar brilho e força

- 2 xícaras de água destilada
- 1 colher de sopa de sálvia (*Salvia officinalis*)
- 2 colheres de chá de alecrim (*Rosmarinus officinalis*)
- 2 colheres de chá de cascas de laranja (sem as fibras brancas)
- 2 colheres de chá de macela (*Chamaemelum nobile*)
- 2 colheres de sopa de camomila (*Chamomilla matricaria L.*)
- ½ colher de chá de óleo essencial ou óleo concentrado de alfazema (*Lavandula officinalis*)
- 1 colher de chá de extrato glicólico de jaborandi
- 1 xícara de xampu neutro

Utilize ervas secas. Esmague-as num vidro esterilizado. Jogue a água fervendo por cima. Deixe de repouso por 30 minutos. Coe e filtre. Adicione os óleos e mexa vigorosamente. Junte o xampu e continue mexendo, mas devagar, para não fazer espuma. Mantenha no refrigerador e use uma colher de sopa em cada lavagem dos cabelos. Eles vão ficar limpos e brilhantes. É um dos melhores xampus que já experimentei.

Rinse para dar maciez e brilho

- 1 colher de sopa de vinagre de maçã ou cidra, de boa qualidade
- 1 litro de água morna

Dissolva o vinagre na água morna. Enxágüe o cabelo com este *rinse*. Ele restaura o pH e deixa os cabelos macios e brilhantes.

Condicionador contra caspas e excesso de oleosidade

- 1 xícara de calêndula seca (*Calendula officinalis*)
- Casca ralada de uma laranja
- 1 xícara de vinagre de maçã
- 2 xícaras de água

Ferva todos os ingredientes juntos por 6 a 8 minutos. Coe e deixe esfriar. Depois de lavar os cabelos, passe este condicionador, deixando por 5 minutos. Enxágüe. Seus cabelos vão ficar limpos, macios e brilhantes. Além de eliminar caspas e controlar a oleosidade, é claro.

Loção para fortalecer os cabelos e deter a queda

- 100 ml de suco de agrião
- 100 ml de qualquer colônia infantil
- 1 punhado de alecrim fresco (*Rosmarinus officinalis*)

Misture, num vidro com tampa, o suco de agrião, a colônia infantil e o alecrim. Deixe em maceração por sete dias. Use como uma loção à noite, antes de dormir.

Musse para os cabelos

- ¼ de colher de chá de gelatina em pó sem sabor
- 1 xícara de água fervendo

Dissolva a gelatina em pó na água fervendo. Deixe esfriar em temperatura ambiente. Em caso de emergência, passe no cabelo, seco ou molhado, e deixe secar.

Produtos para o corpo

Banho de espuma de lavanda (bom também para crianças)

- 2 colheres de sopa de lavanda ou alfazema seca (*Lavandula officinalis*)
- 2 colheres de sopa de pétalas de rosas secas
- 1 ½ xícara de xampu para bebês
- 12 gotas de óleo essencial ou concentrado de lavanda ou alfazema (*Lavandula officinalis*)
- 1 ¼ de xícara de água fervendo

Excelente banho para a criança dormir uma noite tranqüila. Prepare a infusão de lavanda, como aprendeu neste capítulo, junto com pétalas de rosas. Depois de pronta e fria, adicione o xampu e o óleo de lavanda. Agite muito bem antes do banho, adicionando três colheres de sopa na banheira do bebê.

Banho de espuma de mel e amêndoas

- 1 colher de sopa de óleo de oliva
- 1 colher de sopa de mel (esquente em banho-maria, para ficar bem líquido)
- 1 xícara de sabonete líquido para bebês
- 1 colher de sopa de extrato de amêndoas doces
- 1 colher de sopa de glicerina líquida

Misture muito bem e use durante o banho.

Banho de ouro

- 4 xícaras de leite em pó
- 1 xícara de água fervendo
- 1 colher de sopa de lecitina de soja (pode ser em pó, ou 5 cápsulas)
- 5 saquinhos de chá de camomila (*Chamomilla matricaria L.*)

Deixe a camomila de molho por 20 minutos. Retire os saquinhos. Adicione o leite e a lecitina de soja. Use na banheira ou numa esponja, massageando o corpo suavemente.

Barra nutritiva para massagem

- ½ xícara de manteiga de cacau
- 1 cápsula de vitamina E
- 1 colher de sopa de óleo de coco
- 15 gotas do óleo essencial ou concentrado predileto

Derreta a manteiga de cacau e o óleo de coco em banho-maria. Retire do fogo e adicione os demais ingredientes. Mexa muito bem e coloque em moldes, como forminhas de gelo, potinhos descartáveis de sobremesa ou ainda formas de acetato para chocolate. Desenforme e aguarde uma semana para usar, fazendo massagens na pele. Guarde nas prateleiras de baixo da geladeira.

Chá para banho (saquinhos)

- 1 xícara de sal marinho (encontrado em casas de produtos naturais)
- 1 xícara de aveia integral

- 1 xícara de leite em pó integral
- 1 xícara de pétalas de rosas secas
- 1 xícara de camomila (*Chamomilla matricaria L.*)
- 1 xícara de alecrim (*Rosmarinus officinalis*)
- 1 xícara de alfazema (*Lavandula officinalis*)
- 1 colher de chá de extrato de cenoura e de extrato de germe de trigo (opcionais, encontrados em casas de matéria-prima para sabonetes e velas)
- 5 gotas de óleo essencial de gerânio, rosas e lavanda (opcional)

Junte todos os ingredientes e coloque em saquinhos feitos com tecido que parece papel (TNT), que é barato e pode ser descartado depois de três ou quatro banhos. No topo do saquinho, passe um cordão comprido, para pendurar no chuveiro ou na torneira.

As ervas são sugeridas, mas você deve escolher as que forem mais adequadas para sua pele. Não há necessidade de deixar cair nos cabelos, pois este chá é específico para o corpo.

Esses saquinhos para banho (também conhecidos com *tea bag*) revitalizam e amaciam a pele. Podem ser colocados na banheira ou pendurados no chuveiro.

Para usar na banheira, pendure o saquinho na torneira e deixe que a água seja impregnada por todos os benefícios das substâncias presentes. No chuveiro, após banhar-se normalmente, pendure o saquinho no cano e deixe a água escorrer pelo corpo.

Creme nutritivo em barra

- 90 g de manteiga de cacau
- 60 g de manteiga de karitê
- 30 ml de óleo de coco
- 1 colher de sopa de óleo de rosa-mosqueta
- 1 cápsula de vitamina E
- 1 cápsula de lecitina de soja
- 1 colher de café de vitamina A

Derreta em banho-maria as manteigas. Junte o óleo de coco. Retire do fogo e mexa bem, por mais ou menos 10 minutos. Junte o óleo de rosa-mosqueta e as vitaminas. Coloque em formas para chocolate ou sabonetes.

Esfoliante líquido

- 1 xícara de sal marinho
- 1 xícara de óleo de amêndoas
- 1 xícara de sabonete líquido

Misture todos os ingredientes. Use mais ou menos uma colher de sopa na esponja, massageando suavemente todo o corpo durante o banho.

Esfoliante nutritivo em forminhas de gelo

- 60 g de manteiga de cacau
- 60 g de bicarbonato de sódio
- 3 colheres de sopa de farinha de aveia bem fina
- 30 g de ácido cítrico
- 4 gotas de cada óleo essencial: patchuli (*Pogostemon patchouly*), *ylang-ylang* (*Cananga odorata*) e sândalo

Se não tiver os óleos essenciais, use os concentrados de ervas de acordo com o seu tipo de pele.

Misture o bicarbonato, a farinha de aveia e o ácido cítrico. Reserve.

Derreta a manteiga de cacau em banho-maria. Retire do fogo, mexa até esfriar um pouquinho. Adicione os óleos essenciais ou concentrados e depois a mistura de bicarbonato, aveia e ácido cítrico. Coloque em forminhas de gelo ou formas de sabonete ou chocolate. Leve ao *freezer* por 30 minutos. Retire e guarde em sacos plásticos na geladeira.

Para usar, coloque um ou dois cubinhos na banheira. Outra opção é deixar atingir a temperatura ambiente, fora da geladeira, e massagear todo o corpo, durante o banho.

Nota: ao colocar a mistura nos moldes, você pode adicionar mais charme e textura, espalhando por cima um pouco de pétalas de rosas secas ou flores de camomila.

Loção em barra para peles muito secas

- 60 g de cera de abelha
- 30 g de manteiga de karitê
- 60 ml de óleo de oliva
- 30 ml de óleo de jojoba
- 1 cápsula de vitamina E
- 10 gotas de essência de pêssego
- Corante alimentício laranja

Derreta a cera e a manteiga de karitê em banho-maria. Retire do fogo, continue mexendo e adicionando os outros ingredientes.

Coloque em forminhas de gelo ou de sobremesa. Desenforme e embale em papel de seda ou papel-alumínio.

Máscara herbal de argila

- 1 xícara de argila verde (pele oleosa) ou branca (pele seca)
- ½ xícara das seguintes ervas secas: alecrim e sálvia (pele oleosa) ou camomila e tomilho (pele seca)
- 1 colher de sopa de óleo de amêndoas doces
- 10 gotas de óleos essenciais de lavanda (relaxante) ou menta (revigorante)
- 1 xícara de água destilada
- 1 pincel macio
- Tiras de gaze

Ferva a água destilada. Adicione as ervas, apague o fogo e deixe repousar em infusão por 15 minutos. Reserve.

Em separado, junte o óleo essencial com o óleo de amêndoas doces. Mexa bem e misture com a argila. Depois junte a água das ervas (retire as ervas antes, espremendo-as bem), formando uma pasta suave. Ferva mais duas xícaras de água e deixe de lado. Espalhe com o pincel a máscara no corpo, começando pelos pés. Ao mesmo tempo, molhe a gaze na água de morna para quente e coloque as bandagens sobre a máscara no seu corpo. Repouse por 20 minutos. Enxágüe com água morna.

Musse de cacau em barra para massagem

- ½ xícara de manteiga de cacau
- 10 cápsulas de vitamina E
- 1 colher de sopa de óleo de coco
- 10 gotas de óleo concentrado de rosas
- 8 gotas de óleo concentrado de hortelã
- 5 gotas de óleo concentrado de alfazema (ou lavanda)

Em banho-maria, derreta a manteiga de cacau e o óleo de coco. Retire do fogo e vá mexendo até esfriar um pouco para adicionar os demais ingredientes. Coloque em formas untadas com óleo vegetal. Desenforme e embale com papel de seda ou papel-alumínio.

Óleo de alfazema para massagem relaxante

- 50 g de alfazema seca (*Lavandula officinalis*)
- 100 ml de óleo de amêndoas

Prepare um óleo concentrado com os ingredientes, filtre e use em massagens.

Óleo massageador contra estrias

- 30 ml de óleo de rosa-mosqueta
- 30 ml de óleo de germe de trigo
- 30 ml de óleo de amêndoas
- 3 gotas de óleo essencial de pau-rosa
- 6 gotas de óleo essencial de rosas
- 4 gotas de óleo essencial de gerânio

Aplicar todas as noites após banho quente, massageando com movimentos circulares.

Sabonete esfoliante

- 120 g de sal marinho
- 120 ml de óleo de amêndoas
- 80 ml de óleo de jojoba
- 2 cápsulas de vitamina E
- 1 colher de chá da essência do perfume de que mais gosta
- 1 kg de base de glicerina para sabonetes (encontrada em lojas de matéria-prima para sabonetes e velas)

Coloque a glicerina para derreter em banho-maria. Não mexa enquanto estiver derretendo. Retire do fogo, adicione o sal marinho e continue mexendo até esfriar um pouco. Junte os óleos, a vitamina E e a essência. Coloque em formas próprias para sabonete ou forminhas de acetato (pode usar essas descartáveis de sobremesa) ou ainda num recipiente de plástico grande, para fazer uma barra. Está pronto para desenformar após 2 a 3 horas.

Sais de banho espumantes para banheira

- ½ kg de sal grosso
- 1 xícara de sulfato de magnésio (encontrado em lojas de matéria-prima para sabonetes e velas)
- 1 xícara de lauril em pó (encontrado no mesmo tipo de loja)

- Essência do perfume de que mais gosta
- Corante alimentício na cor desejada

Misture muito bem. Coloque em vidros ou saquinhos plásticos. Utilize uma colher de sopa na banheira.

Sais de banho efervescentes

Receita 1

- 1 xícara de bicarbonato de sódio
- ½ xícara de amido de milho
- ½ xícara de ácido cítrico (encontrado em lojas de matéria-prima para sabonetes e velas)
- ½ xícara de lauril em pó (encontrado no mesmo tipo de loja)
- ½ colher de sopa de óleo de amêndoas
- Essência do perfume de que mais gosta
- Corante alimentício

Junte o bicarbonato, o amido de milho, o lauril e o ácido cítrico numa tigela. Misture bem. Adicione o óleo de amêndoas, a essência e o corante. Borrife água mineral aos pouquinhos, utilizando um recipiente *spray* (não borrife água de uma vez só para não começar a efervescer).

Misture com as mãos e borrife água, se necessário, até sentir a massa úmida, de modo que, quando apertar um pouco nas mãos, ela não se quebre.

Coloque em formas de chocolate ou de silicone, pressionando bem. Deixe secar por 1 hora. Desenforme com cuidado e embale em folhas de papel para bombons ou de alumínio.

Receita 2

- 1 xícara de bicarbonato de sódio
- ½ xícara de amido de milho
- 4 comprimidos efervescentes de vitamina C, bem moídos
- 2 colheres de sopa de sal marinho
- 2 colheres de sopa de óleo de amêndoas
- 1 cápsula de Vitamina E
- 1 colher de sopa de essência alimentícia de hortelã ou menta (*Mentha piperita*)
- Corante alimentício verde

Prepare como indicado na receita 1.

Sais de banho de lavanda

- 1 xícara de sal marinho
- 3 colheres de sobremesa de alfazema ou lavanda seca (*Lavandula officinalis*)
- 1 xícara de óleo de oliva
- 2 colheres de sopa de óleo de jojoba
- 10 a 15 gotas de óleo essencial de lavanda (opcional)

Misture todos os ingredientes, formando uma pasta macia. Guarde em recipientes de vidro. Use após o banho, mas ainda no chuveiro. Coloque nas mãos e massageie todo o corpo, principalmente em locais com celulite. Os movimentos devem ser circulares. Comece pelos pés e vá subindo em direção ao coração. Quando terminar, tome uma chuveirada para retirar o sal da pele. Você vai se sentir relaxada, limpa e macia.

Sais de banho de luxo

- 1 xícara de sulfato de magnésio (encontrado em lojas de matéria-prima para sabonetes e velas)
- 1 xícara de sal grosso
- 1 xícara de sal marinho
- 1 xícara de lauril em pó
- 1 xícara de leite em pó
- 1 pacotinho de suco em pó sem açúcar (dietético)
- 4 colheres de glicerina líquida

Numa tigela, misture bem os ingredientes. Adicione a glicerina líquida e o suco em pó. Use uma xícara por vez na água da banheira.

Produtos para os dentes e hálito

Dentifrício caseiro

Misture sal marinho com um punhado de sálvia (*Salvia officinalis*) esmagada. Remove o tártaro e clareia os dentes.

Infusão para hálito e gengiva saudável

Prepare uma infusão de sálvia (*Salvia officinalis*), alecrim, hortelã, confrei e mel. Use em bochechos.

Infusão contra o mau hálito

- 2 ramos de tomilho (*Thymus vulgaris)*
- 3 ramos de sálvia (*Salvia officinalis*)
- 2 limões cortados ao meio, com as cascas

Prepare uma infusão e use em bochechos três vezes ao dia.

Produtos para os lábios

Lip gloss

- 2 colheres de chá de cera de abelha
- 7 colheres de chá de óleo de rícino, jojoba ou amêndoas doces
- 1 colher de chá de mel
- 5 gotas de óleo essencial de limão, bergamota e o essencial ou concentrado de hortelã

Derreta em banho-maria a cera, o óleo e o mel. Retire do fogo. Continue mexendo até esfriar um pouquinho (não deixe endurecer). Junte os demais óleos e coloque em recipientes de vidro ou plástico.

Chocolate *lip gloss*

- 3 colheres de sopa de manteiga de cacau
- 4 a 5 pedacinhos de chocolate
- 1 cápsula de Vitamina E

Derreta em banho-maria a manteiga de cacau com o chocolate. Retire do fogo. Continue mexendo até esfriar um pouquinho (não deixe endurecer). Junte a cápsula de vitamina E e coloque em recipientes de vidro ou plástico.

Produtos para as mãos

Bálsamo para as mãos

- 30 g de cera de abelha
- 45 g de manteiga de cacau
- 30 g de manteiga de karitê
- 30 ml de óleo de jojoba
- 30 ml de óleo de amêndoas doces
- 10 ml de óleo de oliva ou de girassol
- 1 cápsula de vitamina E

- 10 gotas dos óleos essenciais ou concentrados de alfazema, hortelã e alecrim

Derreta a cera e as manteigas de cacau e de karitê em banho-maria. Junte os óleos de jojoba, amêndoas doces e de oliva ou girassol. Retire do fogo. Mexa bem até esfriar um pouquinho. Adicione os óleos concentrados (ou essenciais), a cápsula de vitamina E e coloque em recipiente de vidro ou plástico.

Creme protetor para trabalhos pesados

- 4 colheres de sopa de vaselina
- 2 punhados de flores frescas de sabugueiro (*Sambucus nigra*)

Derreta a vaselina em banho-maria e junte as flores de sabugueiro. Deixe repousar por 45 minutos. Aqueça novamente e coe numa peneira. Coloque em vidro com tampa de rosca e use nas mãos para protegê-las.

Loção para fortificar as unhas

- 1 xícara de óleo de germe de trigo
- 2 cápsulas de vitamina E
- Óleo de abacate ou de coco

Mergulhe suas unhas nesta loção, massageando-as suavemente.

Produtos para as pernas

Banho de ervas anticelulite

- 50 g de aquiléia ou mil-folhas seca (*Achillea millefolium*)
- 50 g de erva-doce ou funcho seca (*Foeniculum vulgare*)
- 50 g de hortelã seca (*Mentha piperita*)
- 50 g de hera terrestre fresca (*Glechoma hederacea*)
- 50 g de cavalinha seca e triturada (*Equisetum arvense*)
- 3 litros de água

Prepare a decocção com a hera e cozinhe em fogo brando por 30 minutos. Junte as demais ervas, deixe repousar por 15 minutos e coe. Use numa banheira ou então numa bacia em que possa ficar sentada com as pernas cobertas pelo preparado. Massageie suavemente.

Cera depilatória

- 1 kg de açúcar

- 1 colher de sopa de mel
- 1 copo americano de água
- Suco de um limão pequeno

Coloque numa panela o açúcar, o mel, a água e o limão. Misture até ficar bem homogêneo. Leve ao fogo mexendo bem. Quando ferver, abaixe o fogo e continue mexendo até atingir a cor de caramelo — isso ocorre depois de 40 minutos a 1 hora no fogo. Faça o teste exatamente como se faz em balas puxa-puxa: coloque um pouco da mistura num pires de água fria. Misture com os dedos. Se der para você segurar entre os dedos e fazer uma bolinha, estará no ponto.

Retire do fogo e coloque num vidro esterilizado que mais tarde você possa colocar em banho-maria para derreter. Outra opção é utilizar formas de silicone. Depois de esfriar, desenforme para armazenar com mais facilidade, embrulhando em papel celofane.

Produtos para os pés

Banho de descanso para os pés

- 2 aspirinas
- 1 colher de sopa de óleo de capim-limão
- 1 colher de óleo de eucalipto

Numa bacia, coloque água morna, mais para quente do que para fria. Junte os ingredientes e coloque seus pés. Descansa e relaxa pés cansados.

Bálsamo refrescante

- ½ colher de sopa do preparado *lip gloss*
- ½ colher de chá de óleo de girassol
- 4 gotas de óleo essencial ou concentrado de menta
- 4 gotas de óleo essencial ou concentrado de eucalipto
- 1 colher de sobremesa de cânfora em pó ou reduzida a pó

Siga a receita do *lip gloss* ensinada neste capítulo ou, se já a tiver pronta, retire ½ colher de sopa. Adicione ½ colher de chá de óleo de girassol e leve a derreter no microondas por aproximadamente 30 segundos em potência alta ou em banho-maria. Retire do fogo ou do microondas e adicione as gotas de óleo de menta e de óleo de eucalipto. Acrescente a cânfora e coloque no refrigerador por exatos 15 minutos. Retire. Mexa bem por mais 5 minutos.

Para utilizar e usufruir os benefícios deste verdadeiro bálsamo, faça o seguinte: ponha água para ferver; mergulhe uma toalha de rosto bem felpuda e macia na água quente. Enquanto isso, espalhe o bálsamo nos seus pés, massageando suavemente, e os envolva com a tolha quente (não fervendo, por favor).

É uma das melhores sensações do mundo. Quando a toalha começar a esfriar, tire-a e coloque meias. Seus pés vão ficar descansados e macios.

Musse para pés ásperos e calos

- 50 ml de óleo de oliva
- 25 ml de óleo de abacate
- 12,5 ml de óleo de jojoba
- 1 cápsula de vitamina E
- 10 g de cera de abelha
- 4 gotas de óleo essencial ou concentrado de lavanda
- 4 gotas de óleo essencial ou concentrado de alecrim

Derreta a cera de abelha em banho-maria. Adicione os óleos de oliva, abacate e jojoba. Retire do fogo e mexa até esfriar um pouquinho. Junte os óleos essenciais e a cápsula de vitamina E. Coloque em recipientes de plástico ou vidro.

Sabonete para os pés

- 1 kg de glicerina
- ½ xícara de sal fino
- 1 xícara de sal grosso
- ½ xícara de chá de hortelã (prepare o chá mergulhando o saquinho em água fervendo)
- ½ xícara de chá de eucalipto (prepare uma infusão com folhas secas de eucalipto)
- Essência de hortelã
- Corante verde

Prepare antes as formas (para fazer chocolate, forminhas de gelo, potinhos para sobremesa), distribuindo em cada uma um pouco de sal grosso e formando uma camada.

Derreta então a glicerina em banho-maria com o sal fino, adicionando os chás. Retire do fogo após derreter, mexa para esfriar um pouco e adicione a essência e o corante.

Coloque nas forminhas sobre o sal grosso e deixe esfriar até endurecer. É um excelente sabonete para tirar calosidades e contra o mau cheiro dos pés.

Produtos para o rosto

Creme contra acne

- 3 colheres de sopa de ameixas (não use ameixas secas)
- 20 gotas de limão
- ½ copo de água destilada
- 1 colher de infusão de tomilho (*Thymus vulgaris*)

Faça a infusão com o tomilho. Deixe esfriar. Bata as ameixas no liquidificador, depois de bem lavadas e sem caroço. Coloque as ameixas batidas, junte a infusão de tomilho e o limão. Aplique duas vezes ao dia, com pincel, por 30 minutos. Mantenha a máscara com uma gaze. Retire com água morna. Repita o processo por oito a dez dias (se necessário, faça por mais tempo). Guarde na geladeira.

Creme para atenuar cicatrizes de acne

- 1 colher de sobremesa de flores secas de calêndula (*Calendula officinalis*)
- 1 colher de sobremesa de noz-moscada moída
- 1 colher de sopa de óleo de germe de trigo
- 1 colher de mel silvestre

Misture tudo muito bem. Aplique em dias alternados, por um mínimo de 20 minutos e um máximo de 30. Utilize uma gaze aquecida para colocar o creme nas cicatrizes. Retire com água destilada morna. O tratamento deve durar noventa dias. Lembre-se de usar dia sim, dia não.

Creme contra rugas e olheiras

- 50 g de lanolina
- 30 ml de óleo de germe de trigo
- 25 ml de óleo de pêssego
- 40 gotas de essência de pêssego
- 5 gotas de óleo essencial ou concentrado de rosas (opcional)

Coloque a lanolina numa panela de vidro em banho-maria. Ao derreter, retire do fogo e adicione o óleo de germe de trigo e o óleo de pêssego. Mexa para misturar bem. Assim que esfriar um pouquinho, adicione a essência de pêssego e o óleo essencial de rosas. Deixe repousar por 24 horas antes de usar.

Esta é a melhor receita que conheço para peles cansadas, sem vigor, com rugas ou tendência a rugas e olheiras.

Creme para peles normais a secas

- 600 ml de óleo de amêndoas doces
- 225 g de lanolina
- 160 ml de glicerina líquida
- 100 g de cera de abelha
- 10 gotas de óleo essencial ou concentrado de gerânio ou rosas

Derreta a cera e a lanolina em banho-maria. Retire do fogo e adicione o óleo de amêndoas doces e a glicerina. Misture muito bem para emulsionar e esfriar um pouquinho. Adicione o óleo essencial. Guarde em lugar fresco e seco, acondicionado em recipiente de vidro.

Creme de ameixas para peles cansadas e sem vida

- ¼ de xícara de ameixas maduras descascadas e picadinhas
- 1 colher de sopa de óleo de soja
- 3 colheres de sopa de água destilada

Coloque os ingredientes no liquidificador e bata até obter um creme macio. Guarde no refrigerador em frasco de vidro. Aplique no rosto todas as noites. Este creme é um bálsamo rico, que deixa a pele como veludo. Ameixas são ricas em cálcio, magnésio e vitaminas A e C. A soja contém lecitina e proteínas.

Esfoliante de aveia e menta

- 4 colheres de sobremesa de farinha de aveia
- Água filtrada ou quente
- 1 colher de sobremesa de folhas frescas de hortelã

Misture a farinha de aveia com água quente até formar uma pasta. Corte bem fininho, depois esmague as folhas de hortelã e misture com a pasta. Aplique no rosto limpo, massageando suavemente. Deixe na pele por uns 20 minutos e depois enxágüe com água morna.

Loção de frutas para pele oleosa

- 1 laranja e 1 limão, frescos e firmes
- Água mineral
- 4 a 5 gotas de tintura de benjoim
- Bolas de algodão

Descasque a laranja e o limão. Você vai utilizar as cascas, mas tenha o cuidado de retirar bem a película branca. Coloque num recipiente de vidro e cubra com água mineral. Deixe de repouso por uma noite. Retire as cascas, filtre e junte a tintura de benjoim. Pegue várias bolas de algodão e mergulhe na loção. Guarde as bolas de algodão, acomodando-as num vidro, tampando e deixando na geladeira. Passe no rosto três vezes ao dia. Melhora a textura da pele oleosa, limpa, ajuda a cicatrizar e a prevenir espinhas e inflamações.

Loção para clarear e amaciar a pele

- 10 g de flores secas de sabugueiro (*Sambucus nigra*)
- 100 ml de água mineral

Faça uma infusão e aplique diariamente na pele.

Loção natural para peles inflamadas

- 1 xícara de flores frescas de calêndula
- 2 xícaras de leite morno
- Vinagre de maçã

Coloque as flores frescas de calêndula no leite morno e deixe esfriar bem. Aplique na pele previamente lavada com vinagre de maçã. Conserve na geladeira após utilizar.

Máscara de argila para peles oleosas

- 1 xícara de capim-limão
- 8 xícaras de água fervendo
- ½ xícara de argila cosmética verde
- 1 colher de sopa de óleo concentrado de hortelã (opcional)

Deixe o capim-limão em infusão por 20 minutos. Retire do fogo e adicione a argila, mexendo o suficiente para formar uma pasta. Adicione a hortelã. Aplique a máscara no rosto com um pincel macio e deixe secar. Enxágüe com água morna. Guarde o restante na geladeira.

Máscara para peles muito secas

- 2 colheres de sopa de mel
- ¼ de colher de chá de vinagre de maçã
- ½ colher de chá de óleo de oliva

Esquente o mel em banho-maria até ficar líquido. Retire do fogo. Adicione o óleo de oliva e o vinagre. Mexa bem, até adquirir uma consistência macia e suave. Quando estiver frio, aplique no rosto e deixe por 15 a 20 minutos. Retire com água morna. É um ótimo tônico facial. Ideal para peles muito secas.

Máscara para limpeza

- 2 colheres de sopa de farinha de aveia
- 4 colheres de sopa de iogurte natural
- 1 colher de sopa de suco de limão
- 1 colher de sopa de óleo de oliva

Misture a farinha de aveia, o iogurte natural, o suco de limão e o óleo de oliva até formar uma pasta. Passe gentilmente na pele, deixe por 5 minutos e depois enxágüe com água morna. Deixe a pele secar naturalmente.

Máscara de limpeza profunda

- 1 pacote de gelatina incolor sem sabor
- ½ xícara de infusão de ervas (escolha a erva que melhor se adapte à sua pele)

Dissolva o pacote de gelatina na infusão. Leve ao fogo mexendo sem parar; assim que começar a ferver, retire e deixe esfriar. Aplique no rosto e descanse até que a máscara seque completamente. Retire, puxando com delicadeza. Esta máscara nutre a pele.

Máscara para rejuvenescer

- Leite de magnésia
- Óleo de oliva puro
- Água mineral bem fria

Lave bem o rosto e o pescoço com água morna e seu sabonete preferido. Enxugue. Depois passe uma camada de leite de magnésia. Relaxe enquanto aguarda o leite de magnésia secar. Espalhe outra camada de leite de magnésia por cima. Não precisa aguardar. Remova com um lenço de papel bem macio. Esquente um pouco de óleo de oliva puro em banho-maria e passe em todo o rosto e pescoço. Deixe por 5 minutos. Retire com um lenço de papel macio e depois lave com água mineral quase gelada. Você vai perceber uma verdadeira mudança na sua pele depois de algumas aplicações. Pode usar esta máscara duas vezes por semana.

Óleo para pele delicada e elástica

Antes de dormir, aplique um pouco de óleo de rícino ao redor dos olhos. Os cirurgiões plásticos utilizam este óleo após cirurgia.

Sabonete de amêndoa, leite e mel

- 1 kg de base de glicerina para sabonetes
- 2 colheres de sopa de leite em pó
- 2 colheres de sopa de amêndoas trituradas a pó
- 1 colher de sopa de mel

Derreta a glicerina em banho-maria sem mexer. Retire do fogo, adicione o leite em pó, as amêndoas e o mel. Mexa bem e coloque em forminhas até endurecer.

Sabonete de coco

- 1 kg de base de glicerina para sabonetes
- 3 colheres de sopa de coco ralado sem açúcar
- 2 colheres de sopa de leite de coco
- 1 colher de chá de óleo de coco (opcional)
- 1 colher de sopa de essência alimentícia de coco

Derreta a glicerina em banho-maria sem mexer. Retire do fogo, adicione o coco ralado, o leite de coco e a essência. Mexa bem e coloque em forminhas até endurecer. Caso queira acrescentar o óleo de coco, coloque-o após retirar a glicerina do fogo.

Ervas e óleos essenciais

Não há como negar que ervas e óleos essenciais para fins cosméticos e terapêuticos são muito utilizados atualmente. Existem centenas de clínicas especializadas em tratamentos com produtos naturais, revistas que tratam apenas desse assunto e lojas dedicadas à sua comercialização.

Neste capítulo, quero ajudar você a conhecer e aprender a conhecer as propriedades e características das principais ervas e óleos essenciais, numa abordagem séria, esclarecedora, porém simples e mais voltada à cosmética e à utilização externa, sem a pretensão de esgotar o assunto.

Quero salientar que uma das coisas que nós, brasileiros, precisamos aprender é que não existem remédios e fórmulas (naturais ou não) ou chás naturais inofensivos.

As ervas têm suas propriedades, funções e contra-indicações. Ao optar pela utilização, consulte sempre um especialista. Lembre-se de informar ao seu médico por que e como você as está utilizando.

Uma pessoa, por exemplo, que vá passar por uma cirurgia ou cujo médico tenha receitado antidepressivos convencionais deve redobrar a atenção, se estiver usando ervas medicinais, principalmente aquelas com efeito antidepressivo, como, por exemplo, a erva-de-são-joão.

Portanto, recorrer ao tratamento com ervas e plantas por considerar mais seguro não é totalmente verdade. Sozinhas ou combinadas, elas podem causar efeitos indesejáveis.

Outro cuidado: que pode haver mais de uma erva ou planta de mesmo nome com efeitos completamente diferentes, ou com nomes diferentes e os mesmos efeitos.

Seja exigente. A não ser que você seja perita no assunto, nunca compre uma erva, planta ou óleo essencial que não tenha o nome científico na embalagem, pois não vai deixar dúvidas. Além disso, esse cuidado atesta a idoneidade do produtor ou distribuidor.

Sempre que o nome científico vier acompanhado da palavra "*officinalis*" significa que é uma planta reconhecida pela prática médico-herborista.

Tudo isso é um alerta, mas não impede que você utilize ervas e óleos essenciais com prudência, especialmente os indicados neste capítulo, pois suas propriedades e contra-indicações estão bem explicadas.

Selecionei as principais ervas e óleos essenciais. É mais viável trabalhar de forma caseira com uma pequena e eficiente seleção. Seria impossível trabalharmos artesanalmente com tudo. Vamos aprender?

Principais ervas

Alecrim

- Nome científico: *Rosmarinus officinalis.*
- Nomes populares: Rosmarino, alecrim-rosmarino, erva-da-recordação, alecrim-de-jardim e *libanotis.*
- Partes usadas: Folhas, flores e óleo essencial.
- Propriedades: Adstringente, analgésica, antisséptica, antiespasmódica, antiinflamatória, antioxidante, digestiva, estimulante, tônica e vasodilatadora. Cicatriza feridas, alivia cansaço físico e intelectual, dores reumáticas e músculos doloridos.
- Utilização: Para temperar carnes, principalmente as adocicadas como de coelho, pratos com batatas assadas, com ovos e queijos, verduras, peixes, mariscos, galinha e risoto. A flor de alecrim produz um excelente mel. É boa para o inchaço dos olhos, pele oleosa com acne, edemas, queda de cabelos, caspa e dermatites seborréicas.
- Outros usos: Inseticida natural. Na horta, protege as outras plantas, atrai abelhas e afasta borboletas. É excelente contra sarna.
- Dica: Coloque ramos de alecrim fresco junto às roupas para repelir insetos.
- Contra-indicações: Epilépticos não devem usá-la. Internamente pode causar irritações gastrintestinais. Mulheres grávidas devem evitar o chá de alecrim.

Alfazema ou lavanda

- Nome científico: *Lavandula officinalis.*
- Nomes populares: Lavândula, nardo, espicanardo.
- Partes usadas: Folhas e flores.
- Propriedades: Diurética, expectorante, antiinflamatória, antisséptica, cicatrizante e calmante. Alivia dores de cabeça e reumáticas.
- Utilização: A flor de alfazema pode aromatizar doces e compotas. Boa para peles sensíveis e com acne. Tônica para qualquer tipo de pele e para cabelos oleosos. Fortalece os cabelos. Inseticida natural, é repelente de moscas e mosquitos.
- Dica: Sachês de alfazema perfumam e afastam traças.
- Contra-indicação: Mulheres grávidas devem evitá-la, pois é estimulante uterino.

Anis ou erva-doce

- Nome científico: *Pimpinella anisum.*
- Nomes populares: Semente de erva-doce, pimpinela.
- Parte usada: Sementes.
- Propriedades: É digestiva, diurética, expectorante. A infusão das sementes facilita a digestão, alivia gases e cólicas intestinais. Age contra cólicas nos recém-nascidos. Calmante suave, combate insônia.
- Utilização: Usada em biscoitos, pães, bolos, tortas, maçãs assadas, caldas de doces e canapés. Dá aroma e sabor a carnes, lingüiças, salames. As folhas são usadas em saladas. É utilizada em cosmética em sabonetes para remover impurezas. Suaviza a pele e tem efeito anti-rugas. Para cansaço dos olhos, faça uma decocção com gazes limpas embebidas no preparado e colocadas nas pálpebras.
- Contra-indicação: Não há.

Aquiléia, mil-em-rama ou mil-folhas

- Nome científico: *Achillea millefolium.*
- Nomes populares: Milefólio, novalgina, iodo ou mercurocromo da natureza, erva-de-carpinteiro, cento-em-ramas.
- Partes usadas: Folhas, caules e flores.
- Propriedades: Antisséptica, cicatrizante, antiinflamatória nas hemorróidas. Pode ser usada em banho de assento. Benéfica ao couro cabeludo. No uso interno, auxilia a circulação sanguínea em distúrbios da menopausa e menstruações complicadas. Combate a celulite e a insônia. Alivia as cãibras.
- Utilização: Como loção para pele oleosa, contra sardas e manchas na pele. Combate a queda de cabelos. O vinagre de aquiléia é um bom *rinse*, deixando a pele do corpo e do rosto macia e aveludada. O chá é eficaz nas dores de cabeça, diarréia, má digestão, úlcera gástrica, problemas do fígado, febres intestinais e gastrite (infusão das flores). A raiz da planta tem um efeito calmante único contra o nervosismo, o esgotamento físico e mental. As pessoas sujeitas a erupções e feridas na pele também podem fazer uso constante da planta, principalmente em saladas cruas. Crua, a aquiléia desintoxica o organismo, depura o sangue e ativa as funções renais. As folhas são ricas em vitaminas e minerais. Adstringente, é utilizada em xampus para fortificar os cabelos. É eficaz contra fungos.
- Dica: Atrai joaninhas e outros insetos benéficos.
- Contra-indicações: O sumo da planta fresca causa irritações na pele se exposta ao sol. Mulheres grávidas devem evitá-la, pois pode provocar sangramentos. Interfere na absorção de ferro.

Arnica

- Nome científico: *Arnica montana.*
- Nomes populares: Arnica-das-montanhas, arnica-verdadeira, panacéia-das-quedas, quina-dos-pobres, tabaco-dos-saboianos.

- Propriedades: Anti-seborréica, antisséptica, antiinflamatória, antimicrobiana e estimulante. É boa para músculos doloridos, contusões, entorses, hematomas.
- Utilização: Como anticaspa, em dermatite seborréica e queda de cabelos.
- Contra-indicações: Não deve ser usada internamente sem prescrição médica nem em feridas abertas. Não é recomendada para mulheres grávidas ou pessoas sensíveis à planta.
- Observação: Existe outra arnica (*Solidago microglossa*). Tem propriedades diferentes da *Arnica montana*.

Arruda

- Nome científico: *Ruta graveolens.*
- Nomes populares: Arruda-comum, ruta-de-jardim, erva-arruda.
- Partes usadas: Folhas e flores.
- Propriedades: Estimulante e antiespasmódica.
- Utilização: Ramos frescos servem como repelentes de insetos e ratos. É excelente para banhar animais, pois combate pulgas e sarnas. Ajuda no combate a piolhos. Com valor antisséptico, ajuda a purificar um ambiente.
- Contra-indicações: É altamente tóxica. O uso deve ser apenas externo. Mulheres grávidas devem evitá-la, pois é abortiva. Não recomendada na medicina caseira.

Babosa

- Nome científico: *Aloe vera.*
- Nomes populares: Erva-babosa, caraguatá, aloé.
- Parte usada: Gel.
- Propriedades: O gel e principalmente o suco (gel batido no liquidificador) são curativos e dão bons resultados quando aplicados sobre queimaduras, inflamações, picadas de insetos. É cicatrizante, emoliente e hidratante.

- Utilização: Torna sedosos cabelos e pele. Boa para manchas de pele, auxilia no tratamento contra caspa e queda de cabelos. É anti-rugas.
- Contra-indicações: O uso interno não é recomendável, pois tem forte ação laxativa, purgante e abortiva. Mulheres grávidas e pessoas com hemorróidas, cálculo renal e na bexiga não devem usá-la. A casca da babosa jamais deve ser usada, nem deve entrar em contato com o gel ou com a pele.

Calêndula

- Nome científico: *Calendula officinalis.*
- Nome popular: Malmequer.
- Partes usadas: Flores e folhas.
- Propriedades: Expectorante, antiespasmódica, antisséptica e cicatrizante (pode ser usada em cortes e queimaduras). É fonte de iodo orgânico. Boa para luxações, varizes e úlceras externas.
- Utilização: As pétalas dão cor e gosto picante ao arroz, sopas, manteiga, cremes. O óleo concentrado ou loção é excelente para peles com inflamações ou problemas.
- Contra-indicação: Não há.

Camomila

- Nomes científicos: *Chamomilla matricaria L.*, *Matricaria recutita L.*, *Matricaria chamomilla*, *Chamomilla recutita.*
- Nomes populares: Camomila-germana, camomila-alemã, matricária.
- Partes usadas: Flores e folhas.
- Propriedades: Antiinflamatória e sedativa. Indicada para má digestão, cólicas uterinas, queimaduras de sol, olhos cansados, tensão menstrual, dores musculares, estresse, insônia, inflamação das vias urinárias.

- Utilização: O chá da erva adicionado ao condicionador conserva o loiro dos cabelos, além de deixá-los brilhantes. Excelente em compressas para olhos inchados. Indicada para peles secas e sensíveis. O chá é bom para lavar o rosto e retirar a maquiagem. Revitaliza a pele e é antioxidante. O óleo é bom para massagear áreas doloridas e limpar crostas de recém-nascidos.
- Contra-indicação: Alguns herboristas defendem que a camomila não seja indicada para pessoas que estiverem fazendo tratamento radioterápico, pois como antioxidante pode interferir na eliminação das células malignas.
- Observações: A camomila-inglesa (*Chamaemelum nobile*), mais forte do que a camomila-alemã, é conhecida no Brasil como macela. Existe outra erva com o nome matricária, cujo nome científico é *Tanacetum parthenium*. É chamada de falsa-camomila por ser bastante parecida com a erva. Também é conhecida como artemísia-dos-ervanários.

Capim-limão, capim-cheiroso, capim-santo, capim-cidreira ou capim-cidrão

- Nome científico: *Cymbopogon citratus.*
- Nomes populares: Falsa-cidreira, chá-de-estrada, capim-cidrilho.
- Parte usada: Folhas.
- Propriedades: Antifebril, refrescante, boa contra gases, dores musculares e torções. Contém citral, substância calmante e sedativa.
- Utilização: Boa para sucos puros ou com outras frutas. É excelente para temperar carnes e molhos ao *curry.* O chá é bom para insônia e o tônico é depurativo em estados febris. Calmante suave em infusão. Pode ser usada no tratamento de poros dilatados, acne, manchas, sardas, pele, cabelos oleosos e na

limpeza de dentes. Banhos aromáticos acalmam e refrescam.

- Dica: Coloque ramos de capim-limão seco junto às roupas para perfumá-las.
- Contra-indicação: Não deve ser usada diretamente sobre a pele.

Confrei

- Nome científico: *Symphytum officinalis.*
- Nomes populares: Consolida-maior, consolida-menor, orelha-de-asno.
- Partes usadas: Folhas adultas e raízes.
- Propriedades: Adstringente, antiinflamatória, calmante, cicatrizante, emoliente, hidratante, higienizante e regeneradora celular. Indicada para feridas, psoríase, contusão e deslocamentos. Na homeopatia, é considerada a arnica dos ossos. Tem um poderoso alcalóide que acelera a multiplicação das células. Age muito bem na reconstituição de tecidos, em feridas, úlceras ou lesões ósseas.
- Utilização: É usada em cosméticos para tratar de inflamações da pele, tecidos necrosados, rugas de expressão, acne, manchas e irritações. Pode ser usada no tratamento contra queda de cabelos e seborréia.
- Contra-indicações: Não deve ser usada por gestantes. Discute-se que seu uso prolongado causa intoxicação. Deve ser usada apenas externamente e com acompanhamento médico. Não é indicada em casos de câncer.

Erva-de-são-joão

- Nome científico: *Hypericum perfotarum.*
- Nomes populares: Milfurada e hipericão.
- Partes usadas: Flores e folhas.
- Propriedades: Ligeiramente sedativa, estimulante da bílis, antibactericida, antiinflamatória, usada em trata-

mento de inflamações crônicas do estômago, fígado, vesícula e rins, bem como em doenças ginecológicas e nervosas. Antiviral e adstringente.

- Utilização: É boa para cobreiro e ciática. Externamente é usada em queimaduras, contusões e feridas. Usada pela homeopatia para dores e inflamações causadas por nervos danificados. O óleo do *Hypericum*, preparado por maceração em azeite ou óleo de girassol, é bom contra queimaduras e hemorróidas. Deve ser deixado em recipiente por quinze dias ao sol e sacudido de tempos em tempos.
- Contra-indicação: O consumo exagerado pode provocar uma alergia que se agrava sob efeito da luz solar.
- Observação: Existe outra erva chamada erva-de-são-joão (*Ageratum conyzoides*), também conhecida como mentrasto, que tem outras propriedades.

Erva-doce ou funcho

- Nome científico: *Foeniculum vulgare.*
- Nomes populares: Anis-doce, falso-anis, funcho-romano.
- Partes usadas: Folhas frescas e secas, raízes, sementes e talo ou falso-bulbo.
- Propriedades: Antisséptica, antiespasmódica, antiinflamatória, antimicrobiana, calmante, desodorante, digestiva, diurética, estimulante. Boa contra gases, má digestão, secreções nas vias respiratórias, asma, anemia, baixa produção de leite, diarréia, efeitos colaterais da rádio e quimioterapia.
- Utilização: Os bulbos são usados em pastéis de maçã, embutidos, vinagres. As folhas acompanham saladas, marinados e molhos para massas. Os talos são comidos como aspargos, e as sementes usadas na aromatização de bebidas, pães, bolos e biscoitos. É utilizada no tratamento para olhos irritados, pálpebras inflamadas, pele com impurezas, cicatrização de feridas, mau hálito, acne e celulite.

- Contra-indicação: As sementes do funcho não devem ser ingeridas por gestantes.

Eucalipto

- Nome científico: *Eucalyptus globulus.*
- Nomes populares: Árvore-de-febre, gomeiro-azul.
- Partes usadas: Folhas e óleo essencial.
- Propriedades: Adstringente, antisséptica, antiinflamatória, antimicrobiana, antivirótica, calmante, descongestionante, desodorante, expectorante, aromática, balsâmica e tônica.
- Utilização: É boa para dores musculares, problemas nas vias respiratórias, tétano, difteria, vermes intestinais, asma, febre, ulcerações, gripe, reumatismo, nevralgia, cistite e nefrite. Ajuda no tratamento contra acne, foliculite, mau hálito, herpes labial, bolhas nos pés e nas mãos. Usada em perfumes e produtos de beleza.
- Contra-indicações: Deve ser evitada por gestantes, lactantes e recém-nascidos. Não deve ser usada pura na face.

Ginkgo

- Nome científico: *Ginkgo biloba.*
- Nomes populares: Ginkgoácea, nogueira-do-japão.
- Partes usadas: Folhas e frutos.
- Propriedades: Antiinflamatória, bactericida, tônica para o coração, reguladora, digestiva, estimulante da circulação periférica. É rejuvenescedora, revigorante e vasodilatadora. Combate vermes intestinais e os radicais livres. Promove sensação de bem-estar, aumenta a resistência contra diversas doenças, auxilia na digestão e no tratamento contra incontinência urinária. Na China, é usada para tratar asma, tosse, bronquite, catarro, feridas, sardas, manchas na pele. Ácidos presentes no fruto ini-

bem o crescimento de fungos e bactérias, prevenindo infecções.

- Utilização: Empregada na fabricação de xampus e cremes hidratantes para tratamento e prevenção de rugas e envelhecimento da pele, no combate aos radicais livres e em cremes para massagem corporal com a finalidade de estimular a circulação. O extrato das folhas secas é usado como complemento alimentar e medicamento natural para o cérebro, olhos, coração e outros órgãos. O chá é usado em rinite crônica, tuberculose, má circulação, perda de memória e furúnculos. Na forma sintetizada, é usada pelos médicos para evitar rejeição de órgãos.
- Contra-indicações: Deve ser evitada por gestantes em banhos ou massagem corporal. O contato com a parte externa da semente sem lavar ou com a casca da árvore pode causar náuseas e alergias na pele.

Hamamélis

- Nome científico: *Hamamelis virginiana.*
- Nome popular: Hamamélide.
- Partes usadas: Folhas e casca do caule.
- Propriedades: Adstringente, anticaspa, antiinflamatória, descongestionante, higienizante, rejuvenescedora, tônica e vasoconstritora. É boa contra hemorragias, hemorróidas, problemas circulatórios, diarréia, doenças das mucosas da boca e queimaduras. Protege contra infecções.
- Utilização: Em tratamentos contra impurezas da pele, sinais de envelhecimento, irritações pós-barba, pequenos ferimentos, varizes, inchaço nas pernas, dor nos pés, cabelos fracos e oleosidade excessiva no couro cabeludo. Atletas costumam usar uma infusão das folhas e casca da erva embebida em gaze para massagear as pernas e aliviar hematomas, músculos doloridos e machucados.
- Contra-indicação: Não há.

Hortelã ou menta

- Nome científico: *Mentha piperita.*
- Nomes populares: Hortelã-cheirosa, hortelã-da-horta.
- Partes usadas: Folhas e flores.
- Propriedades: Contém vitaminas A, B,C e minerais. Exerce ação tônica e estimulante sobre o aparelho digestivo. É expectorante, antisséptica e ligeiramente anestésica. Alivia picadas de insetos, dores de cabeça, gripes e resfriados. Combate cólicas e gases, aumenta a produção e circulação da bílis.
- Utilização: Em receitas de quibes, molhos, saladas, carnes. Como geléia, acompanha carnes. Com vinagre, dá um toque especial em saladas e assados. Boa para rejuvenescimento e clareamento da pele oleosa. Sua infusão refresca e combate o mau hálito. Plantada junto a roseiras, combate pulgões. Afasta ratos e, por isso, é usada fresca ou seca em despensas.
- Contra-indicações: Não deve ser consumida em grande quantidade por crianças e lactantes. Pode causar dispnéia, asfixia e insônia se ingerida antes de dormir. Não deve ser usada em grandes quantidades.

Losna

- Nome científico: *Artemisia absinthium L.* – Asteraceae (*Compositae*).
- Nomes populares: Absinto, absinto-comum, absinto-grande, absinto-maior, alvina, artemísia, erva-dos-velhos, erva-santa, erva-dos-vermes, losna-maior, vermute.
- Partes usadas: Folhas e flores.
- Propriedades: Fortificante e estimuladora do apetite, combate vermes intestinais e anemias. Ajuda a regularizar o funcionamento do estômago, rins, bexiga e fígado.
- Dica: Plantada com a sálvia, inibe o ataque de pragas nas plantas vizinhas.

- Contra-indicações: Gestantes, lactantes e pessoas em tratamento radioterápico não devem usá-la. O suco, o sumo e o extrato não devem ser usados de forma caseira, pois são tóxicos.
- Observação: Não deve ser confundida com a artemísia (*Artemisia vulgaris* ou *comune*), com diferentes propriedades.

Macela

- Nome científico: *Chamaemelum nobile.*
- Nomes populares: Camomila-inglesa, camomila-perene, camomila-romana.
- Partes usadas: Flores e óleo essencial.
- Propriedades: Antialérgica, antiespasmódica, antiinflamatória, sedativa e tônica. Boa para problemas nervosos, menstruais, febres intermitentes, gases e má digestão.
- Utilização: Boa para olhos avermelhados, inflamação da pele, sardas, manchas senis, alergias e ressecamento das mãos e joelhos. Usada para clarear cabelos castanhos.
- Contra-indicação: Não há.

Malva

- Nome científico: *Malva sylvestris.*
- Nomes populares: Malva-maior, malva-rosa, rosa-chinesa.
- Partes usadas: Folhas, flores e raízes.
- Propriedades: Adstringente, antiinflamatória, hidratante e laxante leve. Boa para dores de garganta, lesão das mucosas, tosse, eliminação de catarro, prisão de ventre, laringite, faringite, úlceras, gastrites, furúnculos, feridas, aftas e picadas de inseto.
- Utilização: Em cosmética, para tratamento da pele, irritação dos olhos, das mucosas da boca e pele irritada pelo sol.
- Contra-indicação: Não há.

Manjericão ou alfavaca

- Nome científico: *Ocimum basilicum.*
- Nomes populares: Manjericão-grande, erva-real, manjericão-dos-cozinheiros, alfavaca-cheirosa.
- Partes usadas: Folhas, flores e óleo essencial.
- Propriedades: Excelente fonte de minerais e vitaminas A e C, antibacteriana, diurética, auxilia na circulação e no combate a problemas de pele, dores reumáticas, aftas e fadiga. Afasta insônia.
- Utilização: Em molhos, *pizzas*, legumes, recheios de aves, peixes, carnes assadas, vinagres e caldos de verduras, desde que não sejam cozidas e sim colocadas nos últimos instantes de cozimento. O vinagre de manjericão é um bom hidratante para o cabelo e pele. O ungüento tem o mesmo efeito, com menor intensidade. Boa para peles ressecadas sem vitalidade e contra queda de cabelos. Em infusão, é excelente para dores no mamilo de lactantes.
- Dica: Ramos secos de manjericão nas gavetas e armários perfumam e afastam insetos.
- Contra-indicação: Não deve ser usada em chás por mulheres grávidas.

Manjerona

- Nome científico: *Origanum majorana.*
- Nomes populares: Manjerona-doce, manjerona-verdadeira.
- Partes usadas: Folhas, flores e óleo essencial.
- Propriedades: Analgésica, antiespasmódica, calmante, digestiva, sedativa e tônica. Estimula a transpiração. Boa para combater falta de apetite, reumatismo, feridas e queimaduras.
- Utilização: Em saladas, recheios de pastéis, embutidos, carnes, omeletes. O banho quente com as folhas da erva combate fraqueza, cansaço e reumatismo.
- Contra-indicação: Não há.

Melissa ou erva-cidreira

- Nome científico: *Melissa officinalis.*
- Nomes populares: Cidreira-verdadeira, cidrila, melissa-romana, chá-de-frança.
- Partes usadas: Folhas e flores.
- Propriedades: Sedativa, digestiva, antimicrobiana, relaxante, atua contra pressão alta, dor de cabeça, gases e cólicas intestinais. Auxilia na menstruação e no combate a gripes, icterícia, cansaço e inflamação ocular.
- Utilização: Ótima em ponches, licores, saladas, molhos, principalmente o branco. Revigora pele e cabelos cansados. Limpa e cicatriza acnes em banhos a vapor. As loções são eficazes para peles oleosas. Excelente para misturar com limpa-móveis. Em sachês, perfuma roupas. Em travesseiros, afasta a insônia.
- Contra-indicação: Não há.
- Observação: Existe outra erva-cidreira (*Lippia alba*), bem comum no Brasil. É um arbusto de até dois metros de altura, com flores pequenas.

Poejo

- Nome científico: *Mentha pulegium.*
- Nomes populares: Erva-de-são-lourenço, menta-selvagem.
- Partes usadas: Folhas, flores e óleo essencial.
- Propriedades: É antisséptica, antiinflamatória, antiespasmódica, digestiva, diurética, expectorante e sedativa.
- Utilização: O chá é empregado no tratamento de tosse, rouquidão, asma, coqueluche, acidez estomacal, diarréia, insônia, problemas menstruais, vermes, debilidade geral, dores de barriga, bronquite crônica, gases, febres e cãibras. Combate o mau hálito.
- Contra-indicações: Não é indicada para gestantes e lactantes. Se for ingerida em grande quantidade, pode ser abortiva.

O uso do óleo essencial em doses elevadas pode ser perigoso.

Sálvia

- Nome científico: *Salvia officinalis.*
- Nomes populares: Salva, erva-das-feiticeiras, salva-de-botica, salveta, chá-da-grécia.
- Partes usadas: Folhas, flores e óleo essencial.
- Propriedades: Adstringente, digestiva, antisséptica, fungicida, combate diarréia. Boa para gengivas inflamadas, aftas, dores de garganta e problemas de mucosa. Alivia os sintomas da menopausa. Diminui o suor excessivo. Restaura a energia e tonifica o fígado.
- Utilização: Em recheios de aves e patês. No tratamento da pele oleosa. No condicionador, mantém os cabelos escuros. A infusão é boa para combater caspa e inflamações do couro cabeludo. Boa como dentifrício caseiro. As folhas secas colocadas entre as roupas afastam insetos. Sua infusão é bactericida.
- Contra-indicações: Por conter estrógeno, não deve ser usada por períodos muito longos. Não usar em casos de insuficiência renal, durante a menstruação ou amamentação. Pode causar elevação súbita da pressão arterial. Mulheres grávidas e crianças não devem usá-la.

Tomilho

- Nome científico: *Thymus vulgaris.*
- Nome popular: Timo.
- Partes usadas: Folhas, flores e óleo essencial.
- Propriedades: Antisséptica, antiespasmódica, antimicrobiana, antivirótica, aromática, broncoespasmódica, desinfetante, desodorante, digestiva, estimulante, expectorante, refrescante e tônica.

- Utilização: Em carnes, peixes, verduras, queijos, saladas, manjares, pratos condimentados com vinho, molhos, legumes, embutidos, frutas em compotas e feijão-rosinha. Na cosmética, é usada em sabonetes e perfumes para tratamento contra cravos, espinhas, aftas, mau hálito, dermatites e queda de cabelo. Quando plantada perto de berinjelas, tomates e batatas, ajuda no crescimento dessas plantas. Atrai abelhas.
- Contra-indicações: Gestantes e pessoas que sofrem de enterocolite e insuficiência cardíaca devem evitar o uso caseiro.

Principais óleos essenciais

"Ah! Este cheirinho me lembra..." Você já percebeu como é freqüente dizermos isso? Os aromas e os odores fazem parte de nossa vida, de nossa memória e até mesmo de nossa proteção, como o cheiro de gás ou de algo queimando.

É por isso que, tenho certeza, você vai entender muito bem por que a aromaterapia é importante para o nosso bem-estar e saúde.

Desde os tempos antigos, ingredientes muito ricos têm sido extraídos de diversas árvores, ervas, flores e grãos. Um dos mais ricos ingredientes extraídos é o óleo essencial, e a ciência que os utiliza leva o nome de aromaterapia.

Extraídos por processos específicos, como o vapor (o mais usado), a compressão, o esfriamento, os óleos essenciais são chamados de força vital, por serem primordiais para o processo biológico das plantas. São encontrados nas pétalas, nas folhas, nas raízes, nas cascas. O óleo essencial de rosas, por exemplo, é extraído das pétalas, o de hortelã, das folhas, o de sândalo, da madeira.

Apresentam comprovadamente propriedades antibióticas, antiinflamatórias, fungicidas, analgésicas e sedativas. São bastante utilizados na cosmética e em terapias alternativas para relaxar, refrescar, estimular, cicatrizar, embelezar e perfumar. Os óleos essenciais atuam na mente pelas sensações estimuladas por aromas específicos ou pela combinação de alguns deles.

Para produzir um litro de óleo essencial de rosas, por exemplo, é necessária quase uma tonelada de pétalas. Por isso, esses óleos são muito caros, mas têm um efeito poderoso, pois apenas algumas gotas são necessárias para obter o efeito desejado.

No Brasil, salvas algumas exceções, encontramos problemas com a pureza dos óleos, com sua distribuição e armazenagem.

Uma boa opção são os óleos concentrados. No capítulo "Os segredos dos melhores *spas* do mundo", ensino como prepará-los. Na fabricação caseira, embora os óleos concentrados de plantas e flores não revelem a forma mais pura do óleo essencial, conservam muitas de suas propriedades e podem ser utilizados do mesmo modo. Os resultados não são exatamente os mesmos dos óleos essenciais, mas são bem satisfatórios. Vale, então, a sugestão: sempre que possível, utilize os óleos essenciais.

Os óleos essenciais puros são substâncias poderosamente concentradas e devem ser diluídos em água pura, álcool de cereais (ou vodca), ou óleos vegetais (também chamados carreadores ou veículos). Neste livro, falaremos mais adiante sobre isso.

Jamais utilize óleos essenciais puros na pele. Vale repetir: você deve diluí-los. A diluição recomendada é de 2,5% a 3% em relação à quantidade de óleo carreador. Isso significa aproximadamente 1 gota de óleo essencial para cada 2 ml de carreador, 7 gotas em 2 colheres de chá cheias, 12 a 15 gotas para 2 colheres de sopa e 25 gotas para 60 ml. Também não faça uso de fórmulas que induzam à ingestão de óleos essenciais. Isso é para médicos receitarem. Consulte sempre um aromaterapeuta, respeite as contra-indicações, siga rigorosamente as instruções e teste antes. Na dúvida, não use!

Classificação dos óleos essenciais

A classificação dos óleos essenciais segue notas, critérios de intensidade ou volatilidade (evaporação) de aromas, que são as seguintes:

- ***Top notes:*** são os aromas principais, fortes, que dão a primeira impressão; estimulam a mente, mas que, por serem altamente voláteis, evaporam primeiro.

  Alguns *top notes*: bergamota (*Citrus bergamia*), eucalipto (*Eucaliptus globulus*), Néroli ou laranja-amarga (*Citrus aurantium amara*), limão (*Citrus limon*), menta ou hortelã (*Mentha piperita*), tangerina (*Citrus reticulata*), *tea tree* (*Melaleuca alternifolia*).

- ***Middle notes:*** são os aromas intermediários, que dão corpo às misturas; têm efeitos balanceadores na parte física do corpo e são medianamente voláteis. Seu aroma permanece de 1 a 3 horas na pele.

  Alguns *middle notes*: alecrim (*Rosmarinus officinalis*), camomila-germânica (*Matricaria chamomilla*), camomila-romana (*Anthemis *nobilis*), cipreste (*Cupressus sempervirens*), gerânio (*Pelargonium graveolens*), lavanda (*Lavandula officinalis*), melissa (*Melissa officinalis*), pinho (*Pinus silvestris*).

- ***Base notes:*** são os aromas básicos, que dão profundidade às misturas e as introduzem na pele; têm baixa volatilidade, geralmente são calmantes e sua permanência na pele é de 5 a 10 horas.

  Alguns *base notes:* mirra (*Commiphora myrrha*), olíbano (*Boswellia carteri*), patchuli (*Pogostemon patchouly*), rosa (*Rosa centifolia*), sândalo (*Santalum album*), *ylang-ylang* (*Cananga odorata*).

Uma boa composição deve equilibrar as três categorias de óleos essenciais. De modo geral, óleos essenciais com efeitos opostos não devem ser misturados.

Restrições a alguns óleos essenciais

- ***Óleos essenciais contra-indicados por seus efeitos intensos:*** arruda (*Ruta graveolens*), artemísia (*Artemisia vulgaris*) e poejo (*Mentha pulegium*).
- ***Óleos essenciais que devem ser utilizados com cautela e somente com indicação de aromaterapeuta, médico homeopata ou naturalista:*** canela (*Cinnamomum zeylanicum*), cânfora (*Cinnamomum camphora*), cenoura (*Daucus carota*), cravo-da-índia (*Zyzygium aromaticum*), capim-limão (*Cimbopogon citratus*), erva-doce ou anis (*Pimpinella anisum*), estragão (*Artemisa dracunculus*), louro (*Pimenta racemosa*) — mas não confunda com a folha de louro, cujo nome científico é *Laurus nobilis* —, hissopo (*Hysopus officinalis*), segurelha (*Satureia hortensis*) e tomilho (Thymus vulgaris).
- ***Óleos essenciais que devem ser evitados nos primeiros cinco meses da gravidez:*** alecrim (*Rosmarinus officinalis*), angélica (*Angelica archangelica*), erva-doce ou funcho (*Foeniculum vulgare*), melissa (*Melissa officinalis*), esclaréia (*Salvia sclarea*), junípero ou zimbro (*Juniperus communis*), ligústica (*Levisticum officinalis*), manjerona (*Origanum majorana*) e manjerona-espanhola (*Thymus mastichina*).
- ***Óleos essenciais que causam fotossensibilidade aos raios ultravioleta:*** angélica (*Angelica archangelica*), bergamota (*Citrus bergamia*), laranja (*Citrus sinensis*), Néroli ou laranja-amarga (*Citrus aurantium amara*), lima (*Citrus aurantifolia*) e limão (*Citrus limon*). Evite se expor ao sol por no mínimo 4 horas após utilizar um desses óleos.

Armazenagem e formas de utilização dos óleos essenciais

Os óleos essenciais são afetados por luz, calor e sol. Por isso, devem ser guardados em recipientes de vidro escuro (âmbar), com tampas de rosquear. Não use tampa de cortiça nem frascos plásticos. Guarde-os em local fresco e escuro. Os óleos essenciais permanecem inalterados por anos, exceto os de laranja, limão e lima, que não devem ser guardados por mais de um ano. O óleo essencial de patchuli é o contrário: quanto mais o tempo passa, melhor fica.

Não misture conta-gotas. Tenha um para cada óleo e, mais uma vez atenção!, você deve *sempre* diluí-los antes de usar.

Usos mais comuns dos óleos

- *Massagens:* é o método mais efetivo para usar os óleos essenciais, pois não são apenas inalados, mas absorvidos através da pele. Eles penetram nos tecidos, seguem pela corrente sanguínea e são transportados para os órgãos e sistemas do organismo.
- *Banhos:* é a maneira mais simples e prazerosa de relaxar e receber os efeitos terapêuticos dos óleos.
- *Vapor:* os óleos essenciais são antissépticos e excelentes para limpar o ar. Diferentes óleos criam diferentes atmosferas. Por exemplo, os óleos de lavanda e de sândalo são ótimos para relaxar, o de hortelã ou menta, para despertar.
- Spray *para ambientes:* misture 20 gotas com água filtrada ou destilada. Coloque num recipiente *spray*. Agite bem antes de usar no ambiente.
- *Perfumes:* faça seu próprio perfume, aquele que tem mais a ver com você. Misture seus óleos essenciais com óleos carreadores ou vodca (isso mesmo: a vodca leva inúmeras vantagens sobre o álcool de cereais e o álcool etílico).

Principais óleos essenciais

Os óleos essenciais que vou apresentar a seguir são o resultado de uma pesquisa com diversos aromaterapeutas. Foi solicitado que eles indicassem quais óleos essenciais seriam indispensáveis. Estes foram os mais votados.

Camomila (Chamomilla matricaria L.), middle note

- Parte usada: Flores.
- Método de extração: Vapor.

- Propriedades: Antiinflamatório, sedativo leve para pessoas nervosas, acalma a ansiedade e a tensão nervosa. Benéfico contra insônia. Antisséptico, antiespasmódico, cicatrizante. Especial para pele sensível com eczemas. É considerado o óleo para distúrbios da mulher. Bom para cabelos normais.

Gerânio (Pelargonium graveolens), middle note

- Parte usada: Folhas.
- Método de extração: Vapor.
- Propriedades: Bactericida eficaz na limpeza do corpo e na reanimação da mente. Bom contra o estresse. Antiinflamatório, alivia as infecções da boca e da garganta quando usado em bochechos e gargarejos. Adstringente e balanceador da pele; limpa e tonifica. Reduz inflamações e alivia a acne, eczema seco, piolhos, caspa, estrias. Excelente em massagens contra a celulite.

Hortelã-pimenta (Mentha piperita), middle note

- Parte usada: Folhas.
- Método de extração: Vapor.
- Propriedades: Promove bem-estar geral físico e mental. Antisséptico e antiespasmódico. Alivia tosses, sinusites, gripes e resfriados quando usado em inalações. Estimulante e excelente limpador para a pele, acalmando aquelas com irritações e inflamações. Eficaz para enjôos de viagem e náusea.
- Contra-indicações: Uma dose muito concentrada de óleo de hortelã-pimenta na pele pode causar coceira. Obedeça às diluições recomendadas. Mantenha os olhos fechados ao inalar.

Lavanda (Lavandula officinalis), middle note

- Parte usada: Botões.
- Método de extração: Vapor.

- Propriedades: Tem efeito balanceador e regulador. É atóxico e tem um aroma floral completo. Alivia o estresse, a ansiedade e a depressão, benéfico contra insônia, dores de cabeça e enxaqueca. Antisséptico e antiinflamatório para o sistema respiratório. Para a pele é nivelador, antisséptico e regenerativo. Alivia pé-de-atleta, é eficaz contra queimaduras e estrias. Bom para dores musculares e reumatismo. É calmante para problemas ginecológicos em banhos de assento.

Patchuli (Pogostemon patchouly), base note

- Parte usada: Folhas.
- Método de extração: Vapor.
- Propriedades: Usado nos cuidados com a pele. É estimulante, tônico, descongestionante, antiinflamatório, regenerador e rejuvenescedor dos tecidos. Excelente contra pele rachada, rugas, seborréia e dermatite.

Rosa (Rosa centifolia e damascena), base note

- Parte usada: Flores.
- Método de extração: Vapor.
- Propriedades: É um dos óleos essenciais mais caros do mundo. É antidepressivo, tônico, adstringente e afrodisíaco. Bom para tensão nervosa, depressão, insônia e dor de cabeça. Excelente para pele sensível, envelhecida, com rugas. Alivia a vermelhidão do rosto.

Tea tree (Melaleuca alternifolia), top note

- Parte usada: Folhas.
- Método de extração: Vapor.
- Propriedades: É um antisséptico poderoso, doze vezes mais forte do que o ácido carbólico ou fenol, desinfe-

tante químico amplamente usado. É atóxico e eficaz contra uma série de condições bacterianas, viróticas e fúngicas. Para o sistema respiratório é bactericida e antivirótico, ajudando a combater gripes e resfriados. Bom para inalações. Para a pele, é limpador, refrescante e antifúngico. Eficaz contra piolhos. Alivia furúnculos, acalma queimaduras do sol, estimula a cicatrização, enquanto protege de infecções. Antiparasitário. Ajuda a tratar infecções vaginais. É bom para banhos de assento.

- Contra-indicação: Apesar de não ser tóxico em dosagens normais, contém cineol, considerado tóxico na Austrália.

Ylang-ylang (Cananga odorata), base note

- Parte usada: Flores.
- Método de extração: Vapor.
- Propriedades: Afrodisíaco, antidepressivo, sedativo e antisséptico. Exótico, de aroma doce, é muito usado como perfume. Também recomendado para todo tipo de pele, principalmente as maduras. Regula a oleosidade natural, trata de rugas e previne o envelhecimento. Em óleos e loções, recondiciona o couro cabeludo.

Óleos vegetais ou carreadores

Os óleos vegetais adquirem importância e relevância em relação aos óleos essenciais, pois são os veículos utilizados para diluí-los, acrescentando seus benefícios e capacitação terapêutica e cosmética. A pele sempre se beneficiará com o uso de óleos vegetais como veículos, pois são facilmente absorvidos. Suas propriedades são fundamentais para o sucesso de qualquer fórmula. Os principais óleos vegetais são listados a seguir.

- ***Óleo de abacate:*** contém vitaminas A, D e E, que ajudam a curar peles descamadas e secas. É rico, emoliente e tem propriedade antioxidante.

- ***Óleo de amêndoas doces:*** extraído das amêndoas, é o óleo mais conhecido, leve e fácil de usar. Com propriedades emolientes, calmantes e suavizantes, é indicado para qualquer tipo de pele. Ao contrário do que se pensa, é totalmente sem cheiro.
- ***Óleo de coco:*** óleo rico, gorduroso, semi-sólido e muito nutritivo. É usado largamente em cosmética. Confere brilho aos cabelos quando utilizado em condicionadores.
- ***Óleo de gergelim:*** indicado para todos os tipos de pele, inclusive as com problemas e inflamações. É usado como carreador para a elaboração de diversos cosméticos e protetores solares. Em massagens, é eficiente para relaxar os músculos doloridos por excesso de atividade física.
- ***Óleo de germe de trigo:*** chamado de ouro líquido por suas propriedades antioxidantes, o óleo de germe de trigo tem cheiro forte, é ricamente nutritivo e deve ser utilizado em pouca quantidade, sempre misturado com outros óleos. Bom para peles secas, cicatrizes e estrias.
- ***Óleo de girassol:*** contém vitamina E, é resistente à oxidação, tem propriedades umectantes e, por ser menos saturado, combina bem com outros óleos.
- ***Óleo de jójoba:*** cera líquida que nutre pele e cabelos, é boa para todos os tipos de pele, ajudando a fechar os poros e remover impurezas. Atua contra manchas. É um óleo de longa durabilidade, maior do que a dos outros.
- ***Óleo de macadâmia:*** óleo nutritivo claro, produzido principalmente no Havaí, extraído das nozes da macadâmia. Contém alto teor de *palmitoleic acid*, um ácido gorduroso monoinsaturado, que é semelhante à oleosidade natural da pele, protegendo-a naturalmente.
- ***Óleo de oliva:*** extraído das azeitonas, é um óleo emoliente, rico em vitaminas e minerais, perfumado e estável — não fica rançoso depois de algum tempo, como os demais. Por causa da forte fragrância, deve ser misturado com óleo de amêndoas ou outro óleo leve, para neutralizar seu aroma.
- ***Óleo de rícino:*** suavizante para a pele, contém propriedades emolientes. É muito usado em cosméticos, principalmente em sabonetes, por estimular a espuma de forma natural.
- ***Óleo de semente de uva:*** um óleo também leve, claro, sem aroma, excelente para peles cansadas e sem vida, funcionando bem melhor

quando misturado com outros óleos e com os óleos essenciais. É rico em vitamina A.

- *Óleo mineral:* uma exceção, pois é utilizado como carreador, mas não é vegetal. Usado largamente em cosméticos, por ter alta durabilidade e ser barato. É um subproduto do petróleo e considerado por alguns como muito pesado, ou seja, de difícil penetração na pele.

Manteigas e ceras

Embora não utilizadas como carreadores ou veículos, os óleos derivados de ceras e manteigas enriquecem os preparados com óleos essenciais ou não, nutrindo e agindo na conservação, firmeza e elasticidade da pele. Conheça algumas delas.

Cera de abelha

Cera natural, produzida pelas abelhas, tem inúmeras aplicações em cosmética, principalmente em bálsamos, trazendo excelentes benefícios para qualquer tipo de pele. É utilizada como emulsificante, pois facilita a mistura aquosa à oleosa em preparados para a pele.

Glicerina

Atrai a umidade do ar para a pele. Utilizada na forma sólida, em sabonetes; na forma líquida, em cremes, máscaras, loções e xampus.

Lanolina

Gordura rica, obtida da lã do carneiro, tem forte ação emoliente e umectante. É considerada uma barreira para proteger a pele das ações ambientais agressivas. A expressão *lanolina anidra* no rótulo significa sem água, pura.

Manteiga de cacau

Altamente nutritiva e emoliente, amacia e lubrifica, agindo contra o ressecamento da pele e contribuindo para a regeneração dos tecidos.

Manteiga de karitê

É uma gordura rica e sólida, extraída do caroço da fruta da *shea tree*. É usada para curar pequenas feridas, queimaduras e inflamações da pele. Contém ácidos gordurosos e fitosterol, que estimulam a renovação da pele, dando uma aparência mais juvenil e vibrante. É absorvida facilmente e excelente para o tratamento de cabelos de todos os tipos.

Produtos que valem ouro

Produtos de limpeza para roupas e casa

Bactericida e desinfetante natural

- Alecrim
- Sálvia
- 10 gotas dos óleos essenciais de *tea tree*, citronela e mirra

Faça uma infusão com as ervas e adicione os óleos.

Desinfetante de alecrim

Ferva folhas e pequenos galhos de alecrim por 30 minutos. Quanto menos água, mais concentrado ficará. Coe, espremendo bem a erva. Utilize para lavar louças e banheiro. Misture um pouco de detergente para desengordurar. Guarde na geladeira. Dura uma semana.

Desinfetante e limpador para banheiros

- 1 xícara de bórax
- ½ xícara de vinagre branco

Não misture os ingredientes. Pulverize o bórax sobre a pia, o vaso, a banheira, o bidê. Depois coloque o vinagre num recipiente *spray* e pulverize sobre o bórax. Deixe por algumas horas ou por uma noite se possível. Lave com água limpa e uma escovinha.

Detergente natural para louças

- ¼ de xícara de sabão de coco ralado ou sabão de coco em pó
- 2 xícaras de água quente

- ¼ de xícara de glicerina líquida
- ½ colher de chá de óleo essencial de limão

Se usar sabão de coco ralado, a água deve ser quente para dissolvê-lo por completo. Espere esfriar, junte a glicerina e o óleo essencial. Este detergente deixa a louça limpa, brilhante e higienizada. Não o utilize em máquinas de lavar louça.

Lava-roupas concentrado

- 1 xícara de sabão em pó
- 1 xícara de bicarbonato de sódio
- 1 xícara de bórax

Misture os ingredientes e use.

Limpa-alumínio (limpa e dá brilho)

Receita 1

Misture 60 g de bórax com 500 ml de água.

Receita 2

- ¼ de xícara de sabão em pó
- ½ xícara de vinagre branco
- ½ xícara de bicarbonato de sódio
- ½ xícara de cremor de tártaro

Misture o cremor de tártaro com o bicarbonato de sódio. Junte o vinagre e mexa bem, até formar uma pasta macia. Adicione o sabão em pó e transfira para um recipiente com tampa.

Limpa-azulejos

- ½ xícara de bicarbonato de sódio
- ⅓ de xícara de amoníaco
- ¼ de xícara de vinagre branco
- 7 xícaras de água quente

Trabalhe em local arejado, usando sempre luvas. Misture todos os ingredientes. Mexa vigorosamente. Não misture com cândida. Para utilizar, coloque num recipiente *spray* e pulverize a superfície antes de esfregar.

Limpa-cobre e latão

- ½ xícara de farinha
- ½ xícara de sal
- ½ xícara de sabão em pó
- ¾ de xícara de vinagre branco
- ¼ de xícara de suco de limão
- ½ xícara de água bem quente

Misture a farinha, o sal e o sabão em pó numa panela. Mexa, junte os demais ingredientes e misture.

Limpa-jóias

- 1 colher de sopa de detergente
- 1 colher de sopa de bicarbonato de sódio
- 1 colher de sopa de amoníaco
- 3 xícaras de água quente

Este preparado não deve ser usado em pérolas. Mergulhe suas bijuterias e jóias na mistura. Deixe de molho, lave e enxágüe. Trabalhe em local arejado e use luvas.

Limpa-móveis

- 1 xícara de óleo de linhaça
- ⅔ de xícara de aguarrás
- ⅓ de xícara de vinagre branco

Misture todos os ingredientes. Com um pano macio, passe o preparado nos móveis. Trabalhe em local arejado e use luvas.

Limpa-móveis natural

- 1 xícara de óleo de oliva ou qualquer outro óleo vegetal
- 1 colher de chá de óleo essencial de limão

Misture os óleos mexendo muito bem. Use um pano para passar nos móveis. Este preparado limpa, protege e dá brilho à madeira.

Limpa-prata

- 1 pedaço de papel-alumínio
- 1 xícara de água fervendo

- 2 colheres de chá de bicarbonato de sódio
- 1 colher de chá de sal

Dentro de uma panela de vidro ou esmaltada coloque o pedaço de papel-alumínio, de forma a preencher o fundo. Despeje a água fervendo, o bicarbonato de sódio e o sal.

Coloque no fogo novamente para ferver. Jogue os objetos de prata, deixando-os tocar o alumínio e retire-os logo, com uma pinça.

Lave bem os objetos com água e detergente, enxágüe e dê brilho com um pano seco e macio. Este processo não é recomendado para figuras de prata, pois pode remover sombreados importantes da peça.

Limpa-ralos e canos

- ½ xícara de bicarbonato de sódio
- 2 xícaras de vinagre
- 2 litros de água fervendo

Primeiro jogue o bicarbonato de sódio. Em seguida, despeje o vinagre e, depois, a água fervendo.

Limpa-sujeira pesada

- 4 litros de água
- ½ tablete de sabão de coco ralado
- 1 xícara de amoníaco
- 1 xícara de suco de limão

Rale o sabão de coco. Leve ao fogo brando com dois litros de água, mexendo sempre até que se dissolva bem. Tire do fogo e deixe descansar até o dia seguinte. Junte o restante da água, o suco de limão e, por último, o amoníaco. Guarde em garrafas de plástico. Trabalhe em local arejado e use luvas.

Limpa-tudo

- 1 xícara de água bem quente
- 1 colher de chá de bórax
- ½ colher de chá de bicarbonato de sódio
- 2 colheres de chá de suco de limão

Coloque tudo numa garrafa *spray*, misture e adicione a água quente. Mexa para dissolver bem os ingredientes. Espirre na superfície e limpe com esponja ou pano. É excelente para limpar banheiros, azulejos com gordura e ainda mata os germes.

Limpa-tudo concentrado

- 3 litros de água morna
- ⅓ de xícara de vinagre branco
- ¼ de xícara de bicarbonato de sódio
- 1 xícara de amoníaco

Misture os ingredientes. Trabalhe em local arejado e use luvas.

Limpa-vasos sanitários e banheiras

- 1 colher de sopa de amoníaco
- 1 xícara de água oxigenada
- 2 litros de água

Misture todos os ingredientes num balde. Jogue no vaso e na banheira, deixando de molho por 30 minutos. Esfregue bem depois com uma esponja.

Limpa-vidros

Receita 1

- 1 litro de água
- 1 litro de álcool
- 1 copo de querosene

Misture tudo e coloque num recipiente *spray*. Trabalhe em local arejado e use luvas.

Receita 2

- ¼ de xícara de vinagre branco
- 1 colher de sopa de amido de milho
- 2 xícaras de água quente

Coloque os ingredientes num recipiente *spray*. Pulverize sobre os vidros e limpe com jornal.

Líquido para passar roupas

- 2 litros de água morna
- 1 copo de álcool

- 1 copo de amaciante de roupas ou condicionador de cabelos
- 20 ml de cola branca solúvel em água ou goma para engomar roupas
- Essência para sabonetes no perfume desejado

Adicione os ingredientes à água morna mexendo bem. Coloque os ingredientes num recipiente *spray*.

Removedor de cera velha

- 1 copo de sabão em pó
- 1 xícara de amoníaco
- 4 litros de água

Misture tudo e passe no assoalho. Bom também para móveis encerados. Trabalhe em local arejado e use luvas.

Tira-gordura e graxa das mãos

- 2 colheres de sopa de sabão líquido
- 3 colheres de sopa de farinha de milho
- 1 colher de sopa de glicerina líquida

Misture muito bem os ingredientes. Guarde em recipiente em que seja fácil de colocar a mão para pegar o preparado.

Para acabar com os insetos

Prevenção de formigas

Espalhe canela triturada nos locais onde as formigas aparecem.

Repelentes naturais de insetos

Faça sachês com eucalipto, lavanda, hortelã, manjericão e capim-limão ou use os óleos essenciais de *tea tree*, patchuli, citronela e mirra. Os sachês de losna são ótimos para proteger cobertores e roupas de lã.

Sachês

- 60 g de alecrim seco
- 60 g de hortelã seca
- 30 g de ginseng (podem ser as ervas do chá de ginseng)
- 30 g de tomilho
- 60 g de cravos

Misture tudo e faça lindos sachês para sua gaveta. Além de perfumar, os sachês afastam traças e outros insetos. Para afastar traças, coloque ramos de alecrim ou poejo frescos em sachês e distribua nas gavetas e entre as roupas.

Spray

- 12 gotas de óleo essencial de camomila
- 12 gotas de óleo essencial de alfazema
- 8 gotas de óleo essencial de bergamota
- 200 ml de água

Misture tudo num recipiente *spray* e borrife atrás de guarda-roupas, embaixo de camas, armários.

Spray contra formigas

- ½ colher de chá de óleo essencial de lavanda
- ½ colher de chá de óleo essencial de *tea tree*
- 150 ml de água

Misture todos os ingredientes num recipiente *spray*. Sacuda bem a garrafa e borrife sobre as formigas.

Para animais

Para a higiene dos animais, para a limpeza da casa, para combater insetos, algumas receitinhas espertíssimas!

Contra pulgas

Coloque algumas folhas de poejo (*Mentha pulegium*) por baixo dos panos da caminha do animal, sem deixar entrar em contato direto com a pele dele.

Infusão contra pulgas

- 4 colheres de sopa de arruda (*Ruta graveolens*)
- 1 litro de água

Faça uma infusão e aplique no seu bichinho de estimação para afastar as pulgas.

Loção contra pulgas e parasitas

- 30 ml de água
- 6 gotas de óleo essencial de gerânio

- 2 gotas de óleo essencial de lavanda
- 2 gotas de óleo essencial de *tea tree*

Coloque num recipiente *spray* e borrife nos pêlos. Evite borrifar nos olhos.

Loção para escovar

- 3 gotas de óleo essencial de limão
- 3 gotas de óleo essencial de flor de laranjeira (Néroli)
- 1 gota de óleo essencial de gerânio ou pinho

Umedeça as cerdas da escova numa bacia com água e os óleos. Use para limpar as patas também.

Loção para lavar feridas de animais

- 1 xícara de água
- 2 gotas de óleo essencial de *tea tree*
- 2 gotas de óleo essencial de gerânio

Misture e lave a ferida.

Sabonete de glicerina e menta

- 200 g de glicerina para sabonetes
- 1 ½ colher de sopa de xampu para bebês
- 15 gotas de óleo essencial de menta

Derreta a glicerina em banho-maria, utilizando panela de vidro ou esmaltada. Retire do fogo, adicione o xampu e misture levemente até esfriar um pouco.

Junte o óleo essencial. Coloque em forminhas de gelo, de acetato para chocolate ou potinhos descartáveis de plástico para sobremesa. Assim que endurecer, mais ou menos 2 horas depois, desenforme e embrulhe em papel-filme. O óleo essencial de menta afasta as pulgas.

Sabonete de glicerina e *tea tree*

- 200 g de glicerina para sabonetes
- 1 ½ colher de sopa de xampu para bebês
- 15 gotas de óleo essencial de *tea tree*

Proceda como indicado na receita anterior. O óleo essencial de *tea tree* é um dos mais poderosos bactericidas e antissépticos naturais.

Tintura contra sarna

Use também a arruda (*Ruta graveolens*), mas em forma de tintura, na proporção de 1 copo de folhas frescas picadas para 1 litro de álcool de cereais.

Xampu em barra

- ½ kg de glicerina para sabonetes
- 1 colher de sopa de óleo de rícino
- 1 cápsula de vitamina E
- ¼ de colher de chá de glicerina líquida
- 1 colher de sopa de xampu para bebês
- 15 gotas de óleo essencial de eucalipto
- 15 gotas de óleo essencial de hortelã

Proceda como indicado na receita de sabonete. Este xampu em barra é excelente para os pêlos dos animais, bem como para afastar insetos e bactérias.

Dicas muito espertas

Emergências

- Numa emergência, quando precisar de um fio forte, use fio dental.
- Coloque pequenos pedaços de espuma cortados em formatos divertidos (peixinhos, estrelas, gatinhos) no congelador. Assim, quando alguém se machucar, você terá bolsas de gelo instantâneas e divertidas.
- Acabou o limpador para banheiro? Deixe o vaso sanitário limpo, jogando na água 2 colheres de sopa bem cheias de sal de frutas. Espere 20 minutos, dê a descarga e surpreenda-se.
- O zíper emperrou? Há três coisas que podem ajudar: esfregar um lápis preto, uma vela ou um batom. Tome cuidado para não manchar a roupa.
- Se precisar de um funil e não tiver, corte a boca de uma garrafa plástica de refrigerante, detergente ou xampu.
- Está frio e seu carro não pega? Experimente ligar o secador de cabelos na temperatura mais quente e dirija o ar ao motor.
- Se o seu colar de pérolas ou de contas arrebentou, use linha de pesca para refazer a peça. Se forem de tamanhos diferentes, alinhe-as primeiro, estendendo uma tira larga de fita adesiva na mesa e grude-as. Elas ficarão presas, na ordem certa e não vão ficar rolando.
- Queimaduras são horríveis, não? Mas atenção para esta dica: para queimaduras leves, assim que a dor melhorar, passe delicadamente o conteúdo de uma cápsula de vitamina E. Vai sarar mais depressa e não haverá cicatriz. Mas, se queimar a língua, coloque um pouquinho de açúcar ou umas gotinhas de essência de baunilha.
- Ao se preparar para longas viagens, leve na bolsa de mão aqueles pequenos frascos de xampu fornecidos por hotéis. Se manchar suas

roupas, esfregue um pouquinho do xampu, usando a ponta do guardanapo. Depois vá ao banheiro e termine de limpar. As manchas geralmente são removidas com mais facilidade, se forem limpas rapidamente.

- Tenha sempre à mão, no carro, um recipiente com lenços umedecidos para bebês. São excelentes para acudir manchas, principalmente de *ketchup*.
- Se o seu carro ficou sob o sol, num dia de verão, ao colocar o bebê na cadeirinha, verifique antes se as fivelas não estão muito quentes. É comum atingirem altas temperaturas e podem queimar seu bebê.
- Ao fazer uma longa viagem de carro, principalmente com crianças, tenha sempre à mão um estojo de primeiros socorros bem equipado.
- Segurança nunca é demais. Quando for passear com seus filhos em parques de diversões muito grandes, dê um apito a cada um. Isso pode chamar a atenção, em caso de urgência.
- Quando derramar muito refrigerante no chão, se você tiver bebês em casa, use uma fralda para secar. É rápido e sai mais barato do que usar toalhas de papel.

Reformas e pinturas

- Às vezes, ficamos confusas: aperte um parafuso girando para a direita, e solte girando para a esquerda.
- Para pintar paredes, prefira sempre os rolos de lã. Só que antes de utilizá-los pela primeira vez, enrole esparadrapo em todo ele, depois retire. Isso evita fiapos na parede e a pintura fica bem mais uniforme.
- Sempre que encostar uma escada na parede, vista um pé de meia velha em cada ponta da escada. Dessa forma, não vai arranhar a pintura.
- Retirar papel de parede não precisa ser tão difícil. Misture duas colheres de sopa de amaciante de roupas numa garrafa *spray* com água bem quente. Borrife no papel de parede até saturá-lo. Deixe ensopado por uns minutos e depois comece a retirar com a espátula.
- Para "segurar" a sujeira enquanto fura paredes e teto. Pegue um envelope pequeno, levante a aba, passe fita crepe em volta, deixando uma parte da fita fora do papel, para poder colar a aba do envelope na parede, próximo ou até mesmo em cima do local onde vai furar. A

sujeira provocada pelo furo vai cair toda dentro do envelope. Depois é só fechar e jogar fora. Se o furo for no teto, utilize a tampa de uma caixa redonda de queijo. Faça um furo no fundo da tampa, por onde vai introduzir a broca da furadeira. A sujeira não cai nos olhos nem no chão.

- Quando for pintar o teto, experimente encaixar um prato de papel no cabo do pincel ou do rolo. O prato irá aparar os pingos de tinta, evitando que suje o chão e você.
- Se você usa óculos, certamente sofre para pintar o teto. Pois bem, antes de começar, forre as lentes com papel-filme transparente. Alise bem e... *Voilá!* Sempre que ficar muito sujo, troque o papel-filme.
- Se precisar passar rejunte entre azulejos ou entre a pia e a parede, cole primeiro duas tiras de fita crepe, uma de cada lado. Dessa forma, o material será mais bem aplicado, sem sobras ou sujeira. Para alisar e nivelar retire a fita crepe e use uma pedrinha de gelo. Fica perfeito.
- Coloque sua bandeja de pintura dentro de um saco plástico de lixo reforçado. Estique-o bem, prenda com elástico a boca do saco e derrame a tinta na bandeja, agora encapada pelo saco plástico. Quando acabar, jogue fora o saco plástico e a bandeja estará limpa.
- Se a tinta estiver com impurezas, pegue uma meia de náilon velha e estique sobre a tampa da lata, como se fosse um coador, prendendo com elástico. Mergulhe o pincel através da meia. A tinta sairá limpa.
- Para economizar tinta e ainda manter a lata limpa, envolva um arame ao redor da lata na vertical. Mergulhe o pincel e retire o excesso descarregando a tinta no arame. O pincel sairá com a quantidade certa de tinta e a lata ficará limpa nas bordas.
- Com o tempo, é comum aparecer uma película grossa em cima da tinta. Se quiser evitar isso, corte um círculo de papel parafinado, usando a tampa como molde, e deite suavemente por cima da tinta. Tampe a lata. O papel impede que o ar resseque a camada de cima.
- Passe bastante vaselina nas dobradiças e fechaduras antes de pintar suas portas. Se a tinta espirrar, sairá muito mais facilmente.
- Se você for pintar as paredes e não tiver fita crepe para proteger os rodapés e os painéis das janelas, experimente cortar tiras de jornal e umedecê-las com água. O jornal ficará grudado até terminar a pintura.

- Tenha sempre por perto lenços umedecidos para bebês quando estiver pintando móveis ou paredes. Se cair tinta, passe imediatamente o lenço. A tinta sai com facilidade e não fica trabalho para depois.
- Este é um drama: limpar pincéis sujos de tinta à base de óleo, esmalte sintético ou verniz. Preste atenção nesta dica: pegue uma lata de achocolatado que tenha tampa de plástico. Encha até a metade com aguarrás ou com o solvente indicado pelo fabricante. Faça alguns cortes na tampa de plástico, em formato de cruz. Passe o pincel em papel-toalha para tirar o máximo de resíduo. Introduza o cabo do pincel por baixo, pelo corte, para que fique pendurado, mas preso na tampa. Tampe a lata de forma que as cerdas do pincel fiquem mergulhadas na aguarrás ou solvente. O líquido irá limpar as cerdas do pincel e a tinta ficará no fundo, deixando a superfície do solvente limpa.

Jardim

- Existe uma forma muito simples e inteligente de plantar sementes que exigem distância entre si sem precisar cavar diversos buracos. Pegue um bom pedaço de papel-toalha, no tamanho que quiser, sem separar os picotes. Estique-o na mesa. Em separado, faça uma massinha com farinha e água. Pingue montinhos da massa sobre o papel-toalha. A quantidade de massa em cada montinho deve ser suficiente para acomodar e cobrir duas sementes e a distância entre cada montinho deve ser aquela indicada para a espécie que está sendo plantada. Depois de terminar, cubra com outro papel-toalha do mesmo tamanho. Enrole com cuidado, coloque dentro de um saco plástico de supermercado e deixe em local morno (em cima da geladeira, por exemplo) por uns dias, até começar a germinar. Cave o buraco no jardim, largo e comprido o suficiente para caber a tira de papel-toalha preparada. Retire do plástico, cubra com terra de boa qualidade e regue suavemente. Suas plantinhas vão crescer de forma correta, no espaço desejado. O papel é biodegradável e você não teve quase trabalho nenhum. Uma dica: se o papel-toalha for branco, tinja a massinha com corante alimentício, pois assim ficará mais fácil enxergar os montinhos.
- Se você amarrar um fio de cobre em volta dos seus vasos de plantas, as lesmas não subirão para devorar as folhagens. Dizem que levam choques se chegarem perto do cobre.

- Após tomar chá, não jogue fora os saquinhos: coloque o conteúdo nos vasos de flores ou jardim. As rosas, principalmente, adoram.
- Mantenha os caracóis fora do jardim, colocando pó de café coado e cascas de ovos na terra.
- Você sabia que cascas de laranja são ótimas incubadeiras para plantar sementes de flores ou ervas? Quando brotarem, você pode plantar no lugar definitivo, com casca e tudo, pois são orgânicas e o cheiro da fruta vai afastar insetos.
- Quando ganhar um arranjo de flores que tenha eucaliptos, mosquitinhos e musgos, depois de alguns dias, corte os talos, deixando-os compridos. Faça um lindo arranjo só com esses ramos verdes. Depois coloque em recipiente com 2 xícaras de água e 1 xícara de glicerina líquida. Você não vai acreditar: em uma ou duas semanas, os ramos e as folhas secarão, mas se manterão verdinhos e flexíveis para futuros arranjos de flores e folhas secas. Antes de guardar em sacos de papel, deixe secar as partes que estiveram mergulhadas na água com glicerina ou corte-as, se ainda estiverem compridas.

Cozinha

- Uma colher de sopa de leite ou vinagre na água reterá a cor dos vegetais quando cozidos.
- Deixe uma esponja de espuma seca no refrigerador para manter os vegetais frescos por mais tempo, pois ela absorverá o excesso de umidade.
- Substituições espertas na cozinha: para substituir 1 ovo, combine 2 colheres de sopa de óleo de milho com 1 colher de sopa de água. Para substituir soro de leite misture 1 xícara de leite fresco com 1 colher de sopa de vinagre branco. Se precisar de açúcar mascavo e não tiver, faça o seu, misturando 1 xícara de açúcar branco com 1 xícara de melado.
- Precisa de migalhas de pão, mas a quantidade não é suficiente? Junte biscoito *cream-cracker* bem esmigalhado.
- Para não contaminar os lados da tigela ou frigideira com as cascas de ovos, use uma faca para quebrá-los.
- Para eliminar o cheiro de fritura, antes de começar a fritar, coloque uma pequena tigela com vinagre branco perto da panela. O vinagre absorverá o odor.

- Quando fizer abóbora recheada, esfregue a casca por fora com papel-toalha umedecido com um pouco de óleo de cozinha. A aparência fica perfeita.
- Descasque o alho fácil e rapidamente, colocando-o no microondas por 10 segundos.
- Mosquitos incomodam, não é mesmo? Plante manjericão na janela em vários vasos ou em floreira.
- Tirar *ketchup* do recipiente de vidro é complicado? Pegue um canudinho de refrigerante e introduza até o fundo. Retire o canudo e o produto sairá com facilidade.
- Fica muito mais fácil retirar mel, se você passar um pouquinho de óleo, antes, na colher. Ele escorrega fácil, fácil.
- Quer fazer um chá muito gostoso? Coloque uma bala de limão ou de hortelã na xícara. Vai dissolver facilmente e deixar um sabor delicioso.
- O papel-filme gruda em tudo, não é mesmo? Saiba que é muito mais fácil manuseá-lo se ele permanecer na geladeira.
- Não há necessidade de comprar pipoca especial para microondas. Pegue milho comum para pipoca, coloque num saco de papel, feche bem, fazendo duas dobras finas na abertura do saco. Deixe por 3 minutos no microondas. Tome cuidado: espere um pouco para abrir e sempre abra longe do rosto.
- Para descongelar o congelador, experimente passar uma camada de vaselina após secá-lo e antes de religar a geladeira. Vai demorar mais para criar crostas de gelo e será mais fácil retirá-las.
- Torne a limpeza de grelhas de forno, fogão ou churrasqueira mais fácil, pincelando-as com produto para fornos e colocando-as dentro de um saco de lixo bem resistente. Amarre e deixe até o dia seguinte. E agora atenção para a grande dica: use água morna com vinagre em partes iguais na esponja para lavá-las.
- Quando fizer massa para torta, pão ou *pizza*, pegue papel-filme e estenda sobre a pia. Coloque a massa em cima. Se necessário, polvilhe farinha para não grudar. Cubra com outro pedaço do papel-filme e passe o rolo até ficar na espessura que você quiser. Faz menos sujeira e é mais fácil colocá-la na forma.
- Panelas de ferro e superfícies de fogão a lenha costumam acumular camadas de gordura. Retire-as facilmente com uma pasta feita de cremor de tártaro e vinagre.

- Há duas formas bem fáceis de deixar seu microondas limpo. Primeira sugestão: corte dois limões em quatro e coloque no microondas por 2 minutos. Após a condensação nas superfícies passe um pano úmido para retirar a sujeira e depois um pano seco. Segunda sugestão: dissolva duas colheres de sopa de bicarbonato de sódio num copo de água. Leve ao microondas e ligue-o por 3 a 4 minutos. Limpe da mesma forma.
- Panelas de aço inoxidável são saudáveis, mas mancham com facilidade. Experimente usar álcool ou vinagre branco para limpá-las, esfregando com um pano macio. Se houver manchas de ferrugem, experimente fluido para isqueiro.
- Uma colher de sopa de bicarbonato de sódio no detergente deixará a louça livre de gordura e ainda tratará das suas mãos.
- Separar a gema da clara fica bem mais fácil se você quebrar o ovo sobre um funil. A gema permanece e a clara escorrega.
- Sabe como remover mancha de vinho tinto? Derrame imediatamente vinho branco por cima. A mancha desaparece.

Casa

- Para saber se um espelho é de boa qualidade faça este teste: coloque a ponta de sua unha contra a superfície refletiva. Se houver um pequeno espaço, uma brecha entre sua unha e a imagem da unha, o espelho é excelente. Se a sua unha tocar diretamente a própria imagem, cuidado, há distorção da imagem.
- Quando emoldurar espelhos, não deixe de pintar de preto aquela pequena borda em que ele será encaixado, pois desta forma você terá um excelente acabamento.
- Enrole os fios das luzes de Natal num papelão forte, recortado na forma de um H. Não tem como embaraçar.
- Cansada dos resíduos deixados por panos ou toalhas de papel em espelhos e janelas após limpá-los? Use filtros de café de papel.
- Quando mudar seus móveis de lugar, vista meias velhas grossas nos pés de cada um, para que não risquem o chão.
- Para retirar a parafina de velas de um móvel, amoleça com o jato de ar bem quente do secador de cabelos e depois retire com papel-toalha. Em seguida, passe um pano umedecido numa solução de vinagre

e água. Mas se quiser tirar a parafina de um castiçal, coloque-o no congelador. Com a ponta de uma faca você retira a parafina com facilidade.

- Quer que suas velas decorativas e perfumadas demorem bem mais para queimar? É simples! Basta embrulhá-las em papel-filme e deixá-las na geladeira por 1 hora antes de acendê-las.
- Se você tem um daqueles lustres maravilhosos, com pingentes de cristal ou vidro, não é necessário tirar um por um para limpar. Encha um copo com duas partes de álcool e uma de água. Erga o copo e mergulhe cada pingente nesta solução por alguns instantes. Retire o copo e deixe-os secar.
- Um dos problemas em diversas regiões do país é a falta de umidade no ar. Isso provoca crises respiratórias, pele ressecada e lábios rachados. Resolva isso de uma forma muito simples. Coloque água para ferver numa panela grande e adicione 2 colheres cheias de cada uma destas ervas secas: camomila, flor de laranjeira, erva-cidreira ou capim-limão, eucalipto e alfazema, e 10 gotas de óleo essencial de limão ou 2 rodelas de limão. Assim que ferver, retire a tampa, abaixe o fogo e deixe por 1 hora. Feche portas e janelas. O vapor vai umidificar o ar e todos vão se sentir melhor. Faça isso várias vezes ao dia ou antes de dormir.
- Quer vender sua casa ou apartamento? Pinte de amarelo-claro. É comprovado que as casas pintadas de amarelo, com as janelas brancas são vendidas mais rapidamente. No caso de apartamento, pinte a sala de amarelo. Esta cor torna os imóveis ensolarados, mesmo num dia de inverno. E se você ainda estiver morando no local, receba o futuro comprador com o que eu chamo de "cheirinho da casa da vovó", ou seja, com um café recém-coado e pão assando no forno. Não há comprador que resista!

Área de serviço

- Se você detesta viver lavando sua vassoura de pêlos, vista a parte em que eles ficam com um pé de meia-calça velha. Basta trocar a meia a cada semana e a vassoura vai estar sempre nova.
- Para guardar cortinas ou toalhas de plástico, polvilhe talco entre as camadas. Assim não grudam enquanto estiverem guardadas.

- Se a máquina de lavar roupas está transbordando por causa da espuma de sabão, jogue um pouco de sal por cima. O sabão desaparece.

Banheiros

- Será muito mais fácil seus filhos escovarem os dentes e se pentearem sozinhos se você colocar no banheiro um espelho na altura deles. Pense nisso!
- Escova de dentes livre de bactérias? Use o microondas. Coloque a escova e ajuste para 90 segundos. O ideal é desinfetá-la uma vez por semana.
- Para remover o mofo que se acumula entre os azulejos do banheiro, teto ou paredes, lembre-se de que o mofo é bactéria; então, a melhor forma para limpá-lo é colocando água sanitária pura num recipiente borrifador, e espalhar essa mistura em todos os locais com mofo, incluindo o teto. Cuidado com os olhos, mantenha a porta e as janelas abertas, e, se tiver, use máscara. Aguarde 1 hora e pronto! O mofo sumiu! Repita esse procedimento sempre que necessário. Usar escovinha e esfregar são coisas do passado.
- Depois que o banheiro estiver completamente limpo e seco, passe cera líquida para automóveis nos azulejos. Depois que a cera secar, use um pano para dar brilho. Vai demorar muito mais para acumular sujeira novamente. Se aparecer, vai ser bem mais fácil limpar.
- Retire todo o resíduo de sabão das portas de vidro do boxe, borrifando vinagre e esfregando com uma esponja. Outra dica é esfregar bem com uma esponja de aço seca. Depois de limpas, passe nelas um papel-toalha com óleo de bebê.
- Para evitar o mofo na cortina do boxe do banheiro, coloque-a no tanque ou numa bacia cheia de água morna e uma xícara de bórax. Deixe-a de molho e depois a coloque para secar. Faça o mesmo com as toalhas de banho.
- Para manter a cortina do boxe sempre reta coloque pesos nela. Como? Antes de fazer uma bainha, cole pedrinhas de vidro (dessas de aquário) ou mesmo seixos. Depois, é só dobrar e costurar a bainha. Essa dica também serve para toalhas de mesa usadas ao ar livre, para evitar que levantem com o vento.
- Se o fluxo de água do seu chuveiro começar a diminuir é porque está sujo, principalmente pelo depósito de minerais. Uma forma eficiente

de limpá-lo é despejar num saco plástico resistente uma quantidade de vinagre branco suficiente para mergulhar o chuveiro. Então, sem retirá-lo, prenda ao cano o saco plástico, amarrando-o firmemente ou colocando um elástico ao redor, para que fique mergulhado no vinagre. Deixe durante toda uma noite. Retire o saco com o vinagre e termine a limpeza com um pano úmido.

- Algumas vezes, os ralos dos banheiros ficam com um mau cheiro terrível. Resolva isso despejando um copo de bicarbonato de sódio e, em seguida, um copo bem cheio de vinagre. É uma das poucas formas que conheço para retirar o odor.

Roupas

- Tecidos brancos de náilon sempre amarelam. Evite isso, usando bicarbonato de sódio na água do último enxágüe.
- Se precisar cerzir uma meia, coloque dentro dela uma lâmpada. Tenha cuidado para não apertar e quebrar a lâmpada.
- Para deixar veludo como novo, escove muito bem e então pendure no banheiro cheio de vapor.
- Meias brancas ficarão mais brancas se, após lavá-las, você fervê-las com uma rodela grossa de limão.
- É mais fácil manter as roupas brancas sem encardir se você dissolver e adicionar uma aspirina na água da última enxaguada.
- Quer deixar camisas ou qualquer outro tipo de roupa impecáveis e fáceis de passar? Deixe a roupa por 40 minutos aproximadamente no congelador, dentro de sacos plásticos de supermercado.
- Roupas pretas ficam desbotadas após várias lavagens. Para restaurar a cor, junte café forte ou chá preto sem açúcar na água da última lavagem.
- Para dar a cortinas, toalhas de crochê ou rendas um ar de antiguidade, experimente enxaguar com água em que foi adicionado um chá bem forte. Não use chá verde, só os amarronzados. Suas peças ficarão com uma linda cor sépia (de um cinzendo a um marrom).
- Para conservar couro, passe um bom hidratante e depois um pano seco. Para reparar marcas de arranhões em couro claro, cubra com um polidor específico para couros ou graxa para sapatos da mesma cor. Para prevenir rachaduras em couro, cada vez que for usar, esfregue

bem toda a superfície com a sua mão. O calor das mãos protege o couro. Depois passe um tecido macio.

- Faça uma escova de roupas, sapatos ou bolsas de camurça de emergência, enrolando um pedaço de fita adesiva nas mãos e passando sobre a superfície. A parte adesiva irá remover tudo. Se não tiver fita adesiva, use uma esponja bem macia, úmida, e passe suavemente. Também tira fiapos e pêlos de animais.
- Como se livrar do brilho de calças ou saias provocado por ferro de passar roupa? Faça uma solução de uma parte de vinagre para quatro de água. Ensope bem o tecido com esta solução e torça, se o tecido permitir. Leia sempre as instruções na etiqueta. Mergulhe mais uma vez e torça levemente. Pendure para secar.

Costura

- Use tocos de velas como almofadas para alfinetes e agulhas. Eles vão deslizar suavemente pelo tecido.
- Uma forma muito inteligente de guardar seus vários rolos de fitas e fitilhos é pegar uma caixa, de sapatos, por exemplo, que possa acomodar vários rolos de fitas, colocando um ao lado do outro, em duas fileiras. Faça marcas na caixa, por fora, na direção de cada saída de fita que virá de dentro. Faça furos em cada marca. Por fora da caixa, puxe a fita pelo seu respectivo furo. Tampe a caixa e terá suas fitas sempre em ordem.
- Use recipiente vazio de lenços umedecidos para bebês para guardar rolo de barbante.
- Quando costurar tecidos ou materiais grossos como *jeans* ou couro, uma boa idéia é enfiar a agulha da máquina numa barra de sabão. A costura fica mais fácil e o material grosso desliza melhor.
- Fica mais fácil passar uma agulha áspera pelo tecido, se você passar esmalte de unha incolor nela e deixar secar.
- Como alinhavar sem agulha e linha? Use uma cola suave e, então, costure.
- Use palha de aço fina de cozinha para preencher sua almofada de costura. É um excelente enchimento e ainda mantém os alfinetes afiados.
- Para costurar materiais ou tecidos delicados, coloque um pedaço de papel parafinado para ajudar; depois puxe o papel quando terminar.

- Fica mais fácil retirar agulhas e alfinetes do chão, se você utilizar um retalho de magneto.
- Guarde sua fita métrica, enrolando-a num carretel vazio de fita adesiva.
- Para proteger seus dedos ao manusear a caixa de costura, espete uma cortiça na ponta dos objetos pontiagudos.
- Se precisar descer a bainha de uma calça ou saia de lã, utilize uma esponja umedecida em vinagre, esfregando levemente; depois passe uma pedrinha de gelo para eliminar as marcas antigas de costura.
- Se você não tiver giz para marcar uma costura em tecido, utilize a ponta de uma barra de sabão.
- Para quem gosta de tricotar, coloque o novelo dentro de uma meia velha. Você vai puxando o fio sem que ele se enrosque ou suje. Sempre comece retirando a ponta do fio que está dentro, no miolo do novelo e não o fio de fora.

Cadê a mamãe?

Gosto muito de observar o que acontece hoje em dia com as mulheres. Muitas delas querem trabalhar fora, não tanto por necessidade, mas por realização. Como se a maternidade não fosse realização.

É engraçado porque, quando observo moças recém-casadas, vejo o quanto se preocupam, às vezes até muito cedo, com o fato de poder ou não ter filhos. Ou seja, a esterilidade é algo assustador.

E aquelas que encontram dificuldades para engravidar procuram os melhores médicos, fazem testes e mais testes e submetem-se a dolorosos tratamentos para obter aquilo que mais desejam: ser mães.

Até mesmo as que não têm qualquer dificuldade ficam ansiosas, esperando e orando para que o resultado para gravidez seja... positivo! E, ao engravidarem, vejo que a alegria é imensa, é o milagre da vida se realizando. Não há como medir, não há alegria igual no mundo.

A mulher se sente, nesse momento, plena, totalmente envolvida num mar de calor humano profundo, num ápice de feminilidade nunca igualada a qualquer outra sensação.

O marido sente-se totalmente homem, másculo, vendo sua semente plantada e germinando na mulher que ama. Os cuidados com a grávida se intensificam, bem como o respeito. Olhares amorosos dirigem-se a ela e muitos pensam... felizarda!

É como se, nesse estágio, a mulher estivesse um pouco acima dos simples mortais. E atualmente exibem a barriga com orgulho.

A alimentação da gestante é controlada para que o bebê esteja, como conseqüência, recebendo os nutrientes necessários. As vitaminas são tomadas com rigor, e o pré-natal com os respectivos ultra-sons se tornam uma aventura emocionante. Todo cuidado é pouco para que o bebê venha forte e saudável.

O marido passa a dirigir mais devagar, ajuda a mulher nos afazeres domésticos e, alegremente, comparece às aulas de preparação para o parto.

O enxoval é formado com cuidado. O hospital, escolhido a dedo. Ah! E não se esqueça! O uniforme do time de futebol do papai como enfeite na porta do quarto da maternidade, se menino, e bichinhos, florzinhas e coraçõezinhos cor-de-rosa, se menina. Então, o bebê tão desejado chega. E, não! Não vem com manual, não! Dá trabalho, mas Deus deu às mães uma conexão direta com os bebês.

Ao olharem o pequenino dormindo, marido e mulher se perguntam como podem amar tanto algo tão pequeno, tão desconhecido ainda. E cada dia é um aprendizado.

O quarto é mantido imaculadamente limpo e tudo que pertence ao bebê é esterilizado. Pessoas gripadas para visita? Nem pensar! Sons muito altos? Não, o bebê precisa de um lugar calmo e tranqüilo.

O amor parece que não cabe dentro do coração dos pais. Tudo de bom que papai e mamãe podem oferecer, o bebê tem.

Mas... Espere! Cadê a mamãe?

Já se passaram os meses de licença-maternidade (algumas executivas até retornam antes) e a mamãe voltou a trabalhar. E o bebê? Bem, o bebê vai ter uma excelente babá! Ou vai ser acordado, vestido e alimentado às 6h30 da manhã para ir à creche ou escolinha. Quando pode, mamãe amamenta pela manhã e à noite. Aos poucos, é óbvio, o bebê passa para a mamadeira.

Bem, a babá não era tão excelente assim e com cinco ou seis meses o bebê já tem outra cuidando dele. Na creche ou berçário a mamãe confia. Afinal, pensa, não são pessoas preparadas e treinadas para esse fim? Será???

Mas... Espere!

Como é que aquele bebê tão esperado, tão desejado, tão cuidado, tão amado, foi parar na mão de estranhos?

Como entender tanto amor relegado há apenas algumas horas por dia? Será mesmo que o filho era tão desejado assim, ou tudo o que o casal, inconscientemente, queria era dizer e mostrar: estamos grávidos!!!

De bebê a criança, de criança a adolescente, de adolescente a jovem e mamãe sempre trabalhando. E muitos se perguntam: por que as famílias de hoje são desintegradas, desestruturadas? Por que tantos jovens alienados?

Sei que algumas dirão: mas eu preciso trabalhar, o que meu marido ganha não é suficiente. E eu me pergunto: não é suficiente para quê? Para ter carros zero-quilômetro? Comprar o apartamento na praia ou casa de campo? Manter um padrão de vida elevado? Roupas de grife e casas decoradas na última moda? Para que tenham do bom e do melhor, exceto a mamãe? Para que os filhos tenham uma excelente educação, quando na verdade o que a escola faz é informar e não formar? Talvez algumas digam: mas eu estudei tanto! Eu quero seguir uma carreira.

E eu digo, tudo bem, então não tenha filhos por enquanto. Vá realizar-se profissionalmente primeiro.

E me dirão: então não teremos mais médicas, advogadas, executivas? Sim, teremos. Mas tudo nesse mundo implica escolha.

A Bíblia Sagrada diz que não se pode servir a dois senhores. Pois bem: o senhor trabalho e o senhor filhos pequenos não se encaixam. Não podem ser servidos, e bem, ao mesmo tempo. Alguém vai sair perdendo.

Criar um filho não significa agendar horário para estar junto, significa estar junto em todos os horários, sempre à disposição. Principalmente quando pequenos e indefesos.

Por que não esperar até que estejam crescidos e bem firmados em seu caráter e na Palavra do Senhor?

Eu sei o quanto o mercado de trabalho para a mulher é difícil. Em qualquer posto, e na grande maioria das profissões, ela sempre ganhará menos e terá que mostrar o dobro de eficiência de um homem na mesma função.

Então, se analisarmos sociologicamente, veremos que a mulher, sendo em quase todos os níveis de profissões uma mão-de-obra mais barata, obterá trabalho com mais facilidade. Sem esquecer, insisto, que sua dedicação terá de ser sempre maior. Se a mulher se dedica muito mais, a empresa ganha e a família perde miseravelmente.

Vamos analisar juntos: se observarmos que quase 51% da população economicamente ativa no Brasil é composta de mulheres, isso significa menos emprego para os homens, menos renda para a família, mais mulheres fora de casa e mais filhos sendo criados por estranhos.

Um aparte: nós nos preocupamos tanto com as amizades de nossos filhos lá fora, mas não nos preocupamos quando trazemos estranhos para dentro de nossas casas para criá-los.

Está cientificamente provado que as crianças e adolescentes de hoje perderam a referência do papel masculino e feminino na família. Seus problemas, inseguranças, medos e dores têm de ser adiados até o jantar ou, pior, até o final da semana. Mas muitas vezes eles estão sofrendo ou precisando de ajuda agora, durante o dia, durante o horário de expediente, enquanto mamãe não está.

É nesse momento que podem ocorrer duas situações, dependendo da idade. Se crianças, choram para aqueles que jamais vão amá-los como um pai e uma mãe amam seus filhos. Se adolescentes, vão para os coleguinhas em qualquer estrutura, ou buscar a fuga nas drogas.

Você deve estar pensando: mas existem muitos filhos de mães que sempre trabalharam fora e que são absolutamente normais. É, pode ser verdade. Mas esses muitos não são todos. Aliás, nem são muitos. Filhos de pais ausentes são filhos carentes. Não há como negar. Pense nisso!

Sabe, gosto de Provérbios 31, versículos 10 a 31. Um verdadeiro exemplo, talvez esquecido, da verdadeira mulher. E ela não é apenas dona de casa, não! Ela trabalha ("Escolhe a lã e o linho e com prazer trabalha com as mãos"), sabe fazer excelentes transações comerciais ("Ela avalia um campo e o compra"), é misericordiosa ("Acolhe os necessitados e estende as mãos aos pobres"), costura ("Ela faz vestes de linho..."), seus filhos a amam e respeitam ("Seus filhos se levantam e a elogiam..."). Mas, principalmente, é uma mulher que teme ao Senhor.

Segundo o pastor e teólogo Russel Shedd, em seus comentários referentes a esses versículos, esse poema — sim, um poema — tão maravilhoso mostra uma dona de casa fiel a Deus nos seus afazeres diários, e compara a mulher daquela casa com as mulheres da casa de Lázaro, em Betânia, onde Jesus gostava de se hospedar.

Não há no plano de Deus, nas Escrituras Sagradas, nenhum indicativo de que a mulher, após casar-se e ter filhos, deveria ou poderia afastar-se, trabalhar o dia todo, cuidar do marido, da casa e de si mesma, ou seja, cumprir dupla ou tripla jornada diária.

A mulher é vista e recomendada como aquela que instrui "a criança segundo os objetivos que você tem para ela, e mesmo com o passar dos anos não se desviará deles" (Pv 22.6).

(Autora)

Busca rápida

Faça você mesma

Limpe

Sobre ervas

Sobre óleos

Dicas

Bibliografia

ARTHUR, Bernice P. *The Art of Recycle*. Self-publishing [2000].

JOHNS, Susie. *Photo Craft*. 50 Creative Ideas for Using Photographs. London: WG Publications, 1997.

LAVABRE, Marcel. *Aromaterapia*. A cura pelos óleos essenciais. Rio de Janeiro: Record Nova Era, 2001.

PRICE, Shirley. *Aromaterapia para doenças comuns*. São Paulo: Manole Biomedicina, 2000.

SCHILLER, David & SCHILLER, Carol. *Aromatherapy for Mind & Body*. New York: Sterling, 1996.

STERBENZ, Carol Endler & STERBENZ, Genevieve A. *The Home Spa*. Creating a Personal Sanctuary. Kansas City: Andrews McMeel Publishing, 1999.

Sites consultados

Arte com crianças: <http://www.handcraftersvillage.com/kids>. Acesso em: 7 fev. 2006.

Artes em geral: <http://www.crafterscommunity.net>. Acesso em: 7 fev. 2006.

Decoração, casa e jardim: <http://www.hgtv.com>. Acesso em: 7 fev. 2006.

Ervas medicinais: <http://www.ervasdositio.com.br>. Acesso em: 7 fev. 2006.

Presentes com materiais reciclados: <http://www.eco-artware.com>. Acesso em: 7 fev. 2006.

Reciclagem: <http://www.geocities.com/RainForest/5002/index.html>. Acesso em: 7 fev. 2006.

Receitas culinárias: <http://www.bakingabusiness.com>. Acesso em: 7 fev. 2006.

ROSS, Kathy. Crafts from the attic. Disponível em: <http://www.kathyross.com/archive.html>. Acesso em: 7 fev. 2006.

SÁ, Elizabete Novaes Marques de. Plantas medicinais. Disponível em: <http://www.geocities.com/PLANTAS_MEDICINAIS>. Acesso em: 7 fev. 2006.

SPATONE, Susan. Craft at home. Disponível em: <http://www.geocities.com/kraftproject/index.html>. Acesso em: 7 fev. 2006.

TANZI, Carol. A. The goddess of garbage. Disponível em: <http://www.goddessofgarbage.com/index.html>. Acesso em: 7 fev. 2006.

TILLEY, Kim. Organize it for less. Disponível em: <http://www.frugal-moms.com>. Acesso em: 7 fev. 2006.

TOKAR, Patti. Tips, articles and advice for living a simple life. Disponível em: <http://www.simplelifecorp.com>. Acesso em: 7 fev. 2006.

Consultoria pessoal e empresarial

Cristina Oka & Afonso Roperto, *site*: Herbário Crisoka.

Sergio Antonio Barraca, Esalq/USP.

Conheça outras obras da Editora Vida

A paz que excede todo o entendimento

Kathleen Littleton

Uma história verídica, com um desfecho surpreendente. O testemunho de uma mulher que encontrou a paz que excede todo entendimento a cura de todos os traumas e feridas. A história de Kathleen nos ensina que por meio da graça de Deus sempre é tempo de superar problemas, desilusões e aparentes derrotas.

Mulheres perfeccionistas

Debi Stack

Esse livro ensina algumas práticas simples e eficazes para aliviar o estresse do dia-a-dia e domar o perfeccionismo. Apresenta um caminho equilibrado para a mulher moderna viver sem excessos e com paz de espírito. Ideal para quem deseja tirar o máximo proveito da vida, tanto no aspecto espiritual quanto no material.

Ressurreição interior

Esther Carrenho

Resultado do estudo e análise das três ressurreições realizadas por Jesus, esse livro contém uma potente mensagem de esperança para todos os que desejam desfrutar intensamente a vida. Com singeleza, a autora mostra que o milagre da vida continua a se repetir em toda a sua plenitude.

As sete virtudes da mulher cristã

Carolyn Mahaney

Com leveza e propriedade, a autora usa as virtudes femininas descritas no segundo capítulo da carta de Tito para identificar os desafios enfrentados pela mulher de hoje. Uma conversa agradável e enriquecedora. De mulher para mulher!

Bíblia NVI Devocional da Mulher
Feita *por* mulheres e *para* mulheres

Usando o texto fluente e agradável da NVI, A Bíblia Devocional da Mulher traz reflexões que apresentam as experiências de mulheres que têm uma longa caminhada ao lado do Senhor. Entre outros nomes: Rute Graham, Beverly LaHaye, Luci Swindoll, Joni Eareckson Tada, Debby Boone e Gloria Gaither. Um tratado sobre a alma feminina que vai ajudar as mulheres a desfrutar o prazer da intimidade cada vez mais intensa com o Criador. Alguns temas abordados são: amor, casamento, filhos e igreja apresentando experiências de mulheres que, como você, se levantam a cada manhã para enfrentar um dia cheio de atividades, mas também repleto de oportunidades para obter o crescimento espiritual.

Esta obra foi composta em AGaramond e impressa
por Imprensa da Fé sobre papel *Chamois Fine* 67 g/m² para
Editora Vida em março de 2006.